Narrativa **Skira**

Andrea Camilleri

Dentro il labirinto

SKIRA

L'editore desidera ringraziare per aver contribuito in modi diversi al reperimento della documentazione relativa a Edoardo Persico: Claude Ambroise, Carla Casu, Davide Conti, Cesare De Seta, Antonio Di Grado, Maurizio di Puolo, Clelia Ginetti, Linda Graci, Pasquale Guadagnolo, Vittorio Gregotti, Rina La Guardia, Elisabetta Pernich, Elena Pontiggia, Eduardo Rescigno, Sergio Romano, Marco Tutino, Piero Turroni e, come sempre, Valentina Alferj per la sua attenzione e infinita pazienza

Collana diretta da
Eileen Romano

Design
Marcello Francone

Dentro il labirinto

Uno
Quasi una premessa

Ho davanti a me le riproduzioni di quattro disegni che rappresentano il medesimo soggetto: la testa di un cadavere disteso sopra un tavolo d'obitorio. Si tratta di schizzi dal vero.

Il morto si chiamava Edoardo Persico. Era nato a Napoli, per un po' di tempo aveva vissuto a Torino, poi, da qualche anno, si era stabilito a Milano.

Due dei disegni sono del pittore Gabriele Mucchi, e portano la data del 13 gennaio 1936, il terzo è del pittore Adriano Spilimbergo, il quarto del pittore Fiorenzo Tomea. Gli ultimi due, non contrassegnati da una data, di sicuro sono stati eseguiti tra il 13 e il 17, giorni nei quali il corpo è rimasto esposto all'obitorio.

I tre pittori erano fraterni amici di Edoardo Persico, venuto a mancare improvvisamente nella notte tra il 10 e l'11, un mese prima di compiere trentasei anni.

Nei due ritratti di Gabriele Mucchi la testa, ripresa frontalmente, è circondata dalla benda funeraria e la bocca è semiaperta. La posizione della testa inoltre risulta leggermente rovesciata all'indietro e piegata verso sinistra.

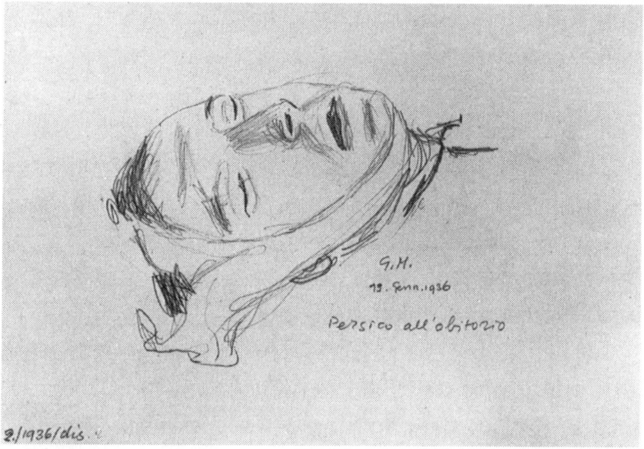

Gabriele Mucchi, *Persico all'obitorio*, 13 gennaio 1936
Fiorenzo Tomea, *Persico all'obitorio*, gennaio 1936

In quello di Spilimbergo, dove il volto è visto di profilo, invece la benda funeraria è scomparsa e la bocca è perfettamente chiusa. Non c'è nessuna inclinazione all'indietro della testa.

Tomea lo ritrae anche lui senza benda e con la bocca chiusa.

C'è quindi qualcosa che non torna. Un'evidente discrepanza tra quello che ha visto Mucchi e quello che hanno visto Spilimbergo e Tomea.

La benda funeraria serve per evitare che, in seguito all'allentamento della muscolatura mascellare, la bocca si apra e così rimanga poi a causa del sopravvenire dell'irrigidimento. Ma in questo caso non sembra essere servita allo scopo, se la bocca è rimasta semiaperta. Forse la benda non è stata tirata come avrebbe dovuto.

Allora come si spiega che nel ritratto di Spilimbergo e in quello di Tomea la bocca sia ben chiusa e la benda non esista più?

Oltretutto si sa che il cadavere è stato portato all'obitorio diverse ore dopo l'avvenuto decesso, e quindi il rigor mortis è già da tempo sopravvenuto, fissandolo in una posizione definitiva.

Né si può ipotizzare che la benda funeraria servisse a nascondere una qualche ferita alla testa, perché essa allora sarebbe stata notata da Spilimbergo e da Tomea dato che la benda era stata tolta.

È un piccolissimo, trascurabile mistero. Che può però trovare una spiegazione nel fatto che tra i due disegni di Mucchi e gli altri corra un certo lasso di tempo, durante il quale è ragionevole supporre che un addetto dell'obitorio abbia sistemato meglio il cadavere facendogli chiudere a forza la bocca e levandogli la fascia.

Oppure ci può essere un'altra spiegazione che risale all'intento col quale i tre pittori si pongono davanti alla salma dell'amico.

Mucchi vuole documentare una morte in un certo senso inquieta e inquietante, mentre Spilimbergo e Tomea preferiscono tramandare l'amico finalmente sereno, composto nella morte.

Quelli di Mucchi, di Spilimbergo e di Tomea sono comunque disegni inconsapevolmente profetici.

Negli anni a venire infatti ci sarà chi si ostinerà ad essere inquietato da quella morte e si porrà domande su domande e cercherà di darsi risposte e chi invece preferirà ricordarlo eludendo le domande e riducendo le tante zone d'ombra della vita e della morte di Persico a pure fantasticherie alimentate in gran parte da lui stesso.

Faccio due esempi, tanto per cominciare.

Credo che si dovrà tacere per sempre il dramma che lo accompagnò, annota, pochi mesi dopo la morte di Persico, il pittore Renato Birolli in uno dei suoi "Taccuini". E dunque ammette che un vero, autentico "dramma" vi fu. Ma tace sulla natura di quel dramma.

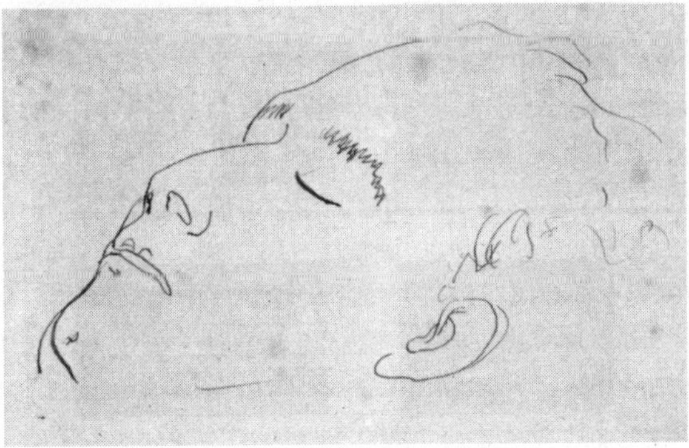

Gabriele Mucchi, *Edoardo Persico*, 13 gennaio 1936
Adriano Spilimbergo, *Ritratto funerario di Edoardo Persico*, gennaio 1936

Viceversa Francesco Tentori, autore di un volume su Persico grafico e architetto, è convinto che Persico, *oltre che un artista e un critico d'eccezione, sia stato un formidabile, incredibile, fantasioso racconta-balle in servizio permanente effettivo* e che il suo unico dramma sia consistito in un matrimonio sbagliato che gli rovinò l'esistenza.

Allora, per dimostrare al lettore come le cose siano oggettivamente almeno un pochino più complicate, ricordo solo un particolare sul quale Persico non può influire "raccontando balle" perché è già morto.

Il particolare è questo: in quale posizione venne ritrovato il cadavere?

In una cartolina datata 16 gennaio 1936 il pittore Francesco Menzio scrive a Riccardo Poli: *Il nostro caro amico è mancato in circostanze tanto tragiche quanto è stata tragica la sua vita. Da qualche tempo si lamentava e pare prevedesse ormai prossima la sua fine. È stato trovato da alcuni suoi amici e dalla sua collaboratrice nel camerino da bagno inginocchiato e trattenuto tra un tavolinetto e il cesso con il viso dentro una catinella dove aveva rimesso dell'acqua unita a sangue.*

Il giorno precedente, sempre indirizzata a Riccardo Poli, è partita una lettera a firma di un altro pittore, Luigi Spazzapan. A proposito della posizione del corpo scrive: *Il povero Bebé l'hanno trovato morto nel cesso inginocchiato con la testa nella bacinella d'acqua. La morte risaliva a parecchie ore. Pare che sia stato colpito da aneurisma...*

Ma in realtà a scoprire che Persico era morto non furono "alcuni suoi amici", come scrive Menzio, ma solo due, Anna Maria Mazzucchelli e l'architetto Giancarlo Palanti, i quali, non avendolo visto arrivare ad un appuntamento concordato la sera avanti, e sapendo che non stava bene, dopo una lunga attesa si recano nel suo appartamento al numero 4 di Piazza XXII Marzo, oggi Santa Maria del Suffragio.

Bussano, ma nessuno viene ad aprire. Si preoccupano ancora di più e si rivolgono alla polizia. Arriva il maresciallo di zona, che afferma di conoscere Persico e procede all'apertura della porta. E così i tre fanno la macabra scoperta.

Nel verbale che il maresciallo redige sul rinvenimento del cadavere, verbale conosciuto solo in parte e di cui l'originale è andato perso, non si parla di nessuna bacinella con acqua e sangue e di nessun tavolinetto, la testa di Persico viene descritta incastrata tra il piede del lavabo e il muro. Quindi non inginocchiato e trattenuto in quella posizione da un tavolinetto e dalla tazza del cesso, ma disteso per terra.

Allora, questa bacinella c'era o non c'era? Non è un dettaglio trascurabile ai fini di una possibile ricostruzione degli ultimi momenti di vita di Persico.

D'altra parte che bisogno aveva Persico, trovandosi nel bagno, d'inginocchiarsi e sputare sangue dentro a una bacinella? Avrebbe potuto benissimo farlo nel lavabo o nel water.

L'appartamento inoltre appare in un disordine estremo, quasi fosse stato messo a soqquadro, gli abiti di Persico sono sparsi ovunque mentre lui era molto meticoloso nel riporli, nel bagno gli asciugamani risultano ancora bagnati come se fossero stati abbondantemente inzuppati.

Comunque, dopo l'autopsia, il cadavere viene trasferito all'obitorio. Dove, inspiegabilmente, rimane diversi giorni malgrado che, come si rileva da una testimonianza, in quel periodo gli addetti abbiano pochissimo da fare. Forse ritarda ad arrivare il nulla osta per l'inumazione da parte dell'autorità giudiziaria? E se sì, perché? Persico è un uomo di cultura, a Milano è notissimo nell'ambiente artistico e letterario, non è un vagabondo anonimo trovato morto nel parco per il freddo.

La polizia ha voluto l'autopsia perché, così scrive nella richiesta, ritiene la morte di Persico una *morte misteriosa*. Qualcosa deve essere apparsa poco chiara al maresciallo. Forse la posizione del corpo? Oppure il fatto che tutte le candele erano spente?

È necessaria una spiegazione sulla presenza di queste candele. Nella citata lettera di Spazzapan a Poli, il pittore scrive a un certo punto: *come forse saprai* [Persico] *viveva da solo, separato dalla moglie e non riceveva nessuno perché perseguitato ferocemente dalla moglie dalla quale non ha potuto liberarsi completamente benché pensasse al mantenimento di lei e delle sue creature. Benché guadagnasse forte non bastava mai ed era sempre perseguitato dai creditori.*

Da tempo nell'appartamento l'erogazione dell'energia elettrica era stata interrotta per morosità e Persico non era riuscito a trovare il denaro per saldare il debito e farla ripristinare.

Perciò aveva fatto ricorso alle candele. Ne teneva una vicina alla porta d'ingresso. Appena entrato l'accendeva e con essa accendeva di seguito le altre, strategicamente dislocate nell'appartamentino.

Il maresciallo avrà di sicuro notato, come del resto hanno fatto altri che entrarono poi in casa, che tutte le candele erano spente, anche quella accanto alla porta che si trovava al suo posto come se non fosse stata mai adoperata.

Invece, se per ipotesi, Persico si fosse alzato in piena notte per recarsi nel bagno e morirvi, alcune candele avrebbero dovuto essere ancora accese o essersi completamente consumate.

Può darsi però che Persico, conoscendo perfettamente a memoria il piccolo appartamento, si sia mosso a suo agio nel buio.

E con ciò verrebbero a cadere tutte le illazioni.

Come si è già detto, non è stato possibile rintracciare il verbale nel quale si descrivevano come in una fotografia alcuni particolari importanti ai fini di un'indagine seria.

Così, per esempio, non sapremo mai se Persico aveva avuto il tempo di mettersi a letto oppure no. Se in bagno era nudo o indossava qualche indumento.

Né la Mazzucchelli né Palanti hanno detto qualcosa di chiaro in proposito.

Certamente il trauma della scoperta ha cancellato o confuso i loro ricordi.

Ma questa nebulosità ha permesso la nascita di molte supposizioni, alcune delle quali anche assai gravi.

Prima fra tutte quella, che ha messo radici, che sia rimasto vittima di un omicidio involontario.

I fatti sarebbero andati in questo modo.

Persico, rientrando, sorprende qualcuno che conosce bene ma del quale, dato il buio, non identifica i tratti. Quello, per evitare di farsi riconoscere, reagisce colpendolo al corpo senza neanche dargli il tempo d'accendere la candela all'ingresso.

Ma Persico è in precarie condizioni di salute e quel colpo, probabilmente al fegato, l'uccide.

Allora l'assassino involontario trascina il corpo fino al bagno, fa un disperato tentativo di rianimarlo usando gli asciugamani, poi, visti vani i suoi sforzi, l'abbandona.

Perché dovrebbe essere stato colpito al corpo?

Perché Gabriele Mucchi dichiara che quando lo ritrasse sul tavolo dell'obitorio non c'erano tracce di ferite sulla testa e nemmeno di lividi intorno al collo.

Però la testa e la parte superiore delle spalle, è tutto quello che egli può vedere del corpo, essendo il resto coperto dall'abito.

Ma non avrebbe dovuto accorgersene il medico legale, il professor Cazzaniga durante l'autopsia?

Certamente sì, il segno di quel colpo c'era ma il professore non l'ha evidenziato come avrebbe dovuto perché forse gli è pervenuta, prima dell'autopsia, una comunicazione riservata da parte della polizia.

Nel suo referto il professor Cazzaniga, il quale conosceva bene Persico perché questi aveva curato l'arredamento del suo studio, pur specificando cosa aveva mangiato Persico prima di morire, omette di dire le ragioni per le quali aveva il fegato spappolato e si limita solamente a scrivere che la morte era dovuta a *miocardite*.

Questo responso avrebbe dovuto comunque fugare ogni dubbio.

Allora perché il Procuratore Generale pretese che fosse scritto nel verbale d'archiviazione *causa di morte indeterminata*?

Insomma, sto mettendo le mani avanti.

Il lettore, giunto a questo punto, si sarà reso conto che ho portato alcuni esempi che possono essere letti tanto in un verso quanto nel verso diametralmente opposto.

Perché nella vita personale, privata, di Persico quasi tutto è sfuggente, ambiguo.

Parafrasando Melville, una sua eventuale biografia potrebbe intitolarsi "Persico o dell'ambiguità".

Ho scritto eventuale biografia perché questa mia non lo sarà. Dichiaro onestamente che non era nemmeno nelle mie intenzioni.

Oreste Del Buono scrisse su di lui due lunghi, memorabili articoli apparsi su "La Stampa" intitolandoli "L'enigma Persico".

Ecco, il mio sarà il tentativo di percorrere il labirinto di un enigma, che mi costringerà a formulare ipotesi e supposizioni e a pormi di continuo domande senza risposta, e di uscirne infine con l'aiuto dell'unico, possibile filo d'Arianna, vale a dire l'invenzione narrativa.

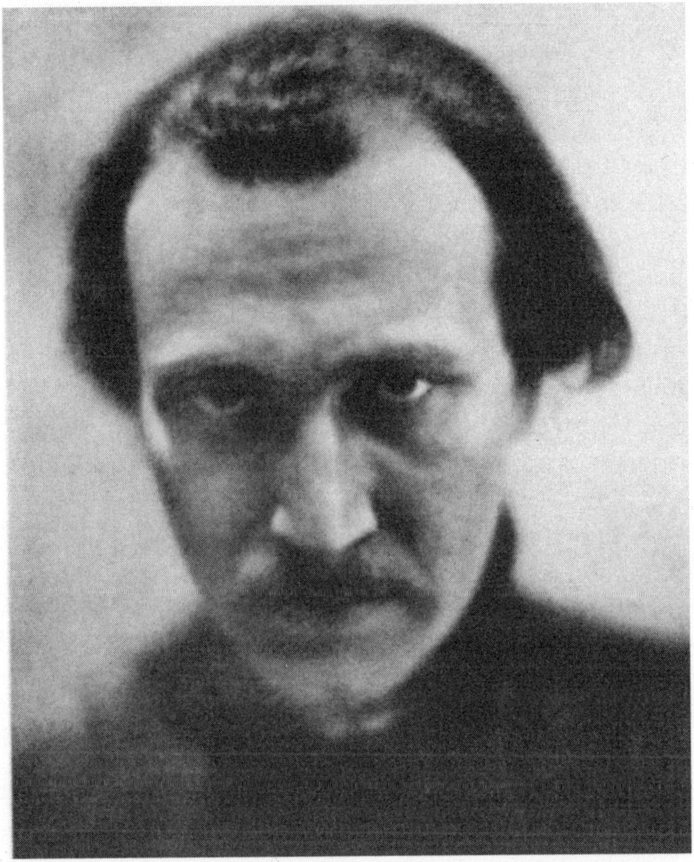

Edoardo Persico, Torino, 1928

Due
Il presentimento della morte

Alle 19 di venerdì 10, vale a dire nelle ore che precedono di poco la sua morte, Persico lascia la redazione della rivista d'architettura "Casabella", in via San Vittore, accompagnato da Anna Maria Mazzucchelli e da Giulia Veronesi.

Camminando, Persico quella sera s'abbandona ai ricordi del suo periodo torinese, poi s'interrompe e rimane in silenzio, dopo aver detto di sentirsi stanco. I tre arrivano al portone dell'abitazione di Persico, questi saluta le due donne ed entra.

Più tardi esce di nuovo e verso le 22 si presenta nello studio dell'amico Marcello Nizzoli col quale sta elaborando dei progetti di lavoro.

Se ne ritorna a casa, da solo, dopo meno di due ore.

Anna Maria Mazzucchelli è la segretaria di redazione tuttofare di "Casabella", la rivista d'architettura diretta da Giuseppe Pagano della quale Persico è condirettore ma soprattutto illuminato ispiratore e sostenitore delle più avanzate, audaci idee architettoniche.

Giulia Veronesi, molto amica di Persico, collabora a "Casabella" e sarà colei che raccoglierà e pubblicherà in due volumi tutti gli scritti d'arte dell'amico dopo la sua morte.

Marcello Nizzoli ha firmato con Persico molti originali allestimenti e installazioni e ne è intimo.

Giulia Veronesi ha scritto che quella sera Persico non stava per niente bene, nello studio di Nizzoli aveva cominciato a lamentarsi di un insistente dolore a un braccio e, afferma testualmente, *è impolverato e pallidissimo: caduto forse?*

Naturalmente, del dolore e della probabile caduta gliene avrà parlato Nizzoli, dato che lei non era presente.

Quindi Persico sarebbe caduto mentre si stava recando da Nizzoli. Ma francamente credo che sia molto difficile impolverarsi cadendo in una strada centrale di Milano durante una fredda sera di un gennaio qualsiasi. Tutt'al più, cadendo, ci si può sporcare di fanghiglia.

Penso piuttosto che Nizzoli abbia concretizzato nella memoria la situazione psicologica nella quale si trovava Persico in quelle ore, e quindi l'aggettivo più giusto da adoperare forse sarebbe stato: appannato.

Di un incontro casualmente avvenuto quindici giorni prima della sua morte, così scrive infatti Birolli nei "Taccuini": *Ormai solo, mi parlò con ansia – i sopraccigli sollevati obliquamente dall'interno all'ester-*

no – dell'arte e del nostro gruppo di tendenza. Non intesi cose fondamentali come in altri momenti, pareva accarezzare la sua tristezza. Io non so se fosse la notte particolarmente greve o un po' di stanchezza ma Persico mi sembrò irriconoscibile.

Irriconoscibile. Profondamente cambiato. Incapace di dire quelle cose fondamentali sull'arte ch'era solito dire e totalmente assorto nella sua tristezza.

Il dolore al braccio, se si fosse trattato del sinistro, non potrebbe essere un segnale di quella miocardite che da lì a poche ore lo stroncherà, secondo il referto del professor Cazzaniga? La Veronesi però non specifica quale fosse il braccio dolorante.

Ma va detto che nella primavera dell'anno precedente Persico era stato ricoverato in una clinica a causa di un'estesa infezione a un braccio. E ancora una volta non si sa quale. E quindi, in questo caso, quel dolore non sarebbe stato provocato dal cuore.

In verità l'attivissimo Persico non godette mai di buona salute.

Pare sia stato ammalato di tubercolosi. Probabilmente la malattia è insorta dopo il servizio militare perché altrimenti non avrebbe potuto essere dichiarato abile, come invece lo fu. Prestò servizio in Artiglieria dal marzo 1918 all'ottobre 1922.

Al ginnasio era stato ripetente perché una malattia gli aveva impedito di completare l'anno scolastico.

Lorella Giudici, che ha scritto, tra altre cose, un'esauriente nota biografica di Persico, elenca: una difficile operazione chirurgica nel luglio 1925, una malattia che lo strema riducendolo quasi irriconoscibile alla moglie durante un soggiorno torinese nei primi mesi del 1927, una lieve operazione a Roma nell'aprile dello stesso anno seguita da un'altra in agosto, un altro ricovero in clinica nel settembre 1928, e nel 1935 infine l'infezione al braccio di cui si è già detto.

Persico è un uomo orgogliosissimo, come lo definì il pittore Enrico Paulucci, assai attento alla sua immagine, di un formalismo tutto meridionale, capace di spendere quello che in quel momento possiede per comprarsi un cappello che pensa gli stia bene, e perciò non reputa elegante parlare agli altri dei suoi mali.

Se quella sera prima della sua morte nello studio di Nizzoli si lamentò apertamente del dolore a un braccio, doveva star soffrendo molto.

Della sua cattiva salute ne scrive spesso invece al fratello e in una lettera del settembre 1928 all'amico intimo Carlo Curcio arriva a dire che gli restano pochi anni da vivere. È perfettamente cosciente della sua fragilità.

Il presentimento della morte dev'essere in lui costante, ma riesce a celarlo a tutti, se lo porta nascosto dentro.

Una volta però l'esternò. Lo racconta Birolli.

Alla VII [*recte* VI] *Triennale Edoardo Persico vinse il concorso pel Salone della Vittoria. Morì prima del-*

Persico a Milano nel 1934 e nel dicembre 1935

l'inaugurazione. Lo sentimmo dire: "Lo inaugurerete voi amici, con un fiocco nero". Il salone era bianchissimo.

Ma bisogna ricordare che c'era stato, nell'estate del 1935, un episodio che forse aveva aggravato il suo già precario stato di salute.

Viene arrestato dalla polizia politica ed è costretto a trascorrere qualche tempo nel carcere di San Vittore.

Non era la prima volta che Persico veniva fermato dalla polizia per motivi politici e di questo dirò in seguito.

Però stavolta si tratta di un vero e proprio arresto, anche se, stranamente, non ne rimane traccia né negli archivi della polizia né nei registri del carcere. E quindi non se ne conosce la motivazione.

Sembra che i documenti ufficiali che riguardano Persico abbiano la curiosa tendenza a scomparire senza lasciare traccia.

E questo ha fatto sì che alcuni negassero l'episodio, sostenendo che si trattava di una delle fumisterie di Persico.

Pare che durante gli interrogatori egli sia stato ripetutamente e duramente malmenato. E di questo trattamento di certo sarà stato messo a parte il professor Cazzaniga quando eseguì l'autopsia.

Ma qualcosa di grave, di oscuro, dev'essere in quei giorni successo.

Perché già sul finire dell'estate il suo atteggiamento verso gli amici pittori, che erano tanti, cambiò di colpo e radicalmente, affermò che non li avrebbe frequentati più, che non voleva più occuparsi di pittura, non ne valeva più la pena perché i pittori con i quali aveva avuto a che fare avevano tradito il loro compito.

E difatti da allora s'interesserà solo d'architettura e farà delle scenografie per il teatro di prosa.

Con Giuseppe Pagano, l'architetto direttore di "Casabella", col quale i rapporti non sono mai stati facili, anche perché si tratta di due caratteri forti, gli screzi aumentano.

È come se fosse entrato in una fase liquidatoria dei suoi molteplici interessi culturali.

E proprio in un momento così delicato per lui sopravviene nel suo intimo una profonda, devastante crisi di fede. Scrive al fratello: *E io non so più se credo! È terribile, prega per me, Renato. Bisogna che io ritorni alla chiesa; ma come? Io sento la fine del Cattolicesimo, il Cattolicesimo è finito!*

Persico, proveniente da una famiglia fervidamente osservante, si è educato, afferma, leggendo Péguy e Maritain, ma in realtà le sue simpatie sono sempre andate a filosofi come Ernest Hello, bandiera dell'integralismo cattolico.

Sulla sua fede è intransigente e vorrebbe creare un movimento d'arte ispirato ai valori cristiani.

E in parte, e per qualche tempo, coi suoi amici pittori, ci riuscirà.

Ma li sottoponeva, nell'intento di spronarli, a domande radicali, assolute, sconvolgenti, e pretendeva che ad esse non si sottraessero.

Chiedeva ai suoi amici un impegno totale, un'autentica dedizione. Li teneva in una continua tensione morale di difficile sopportazione, proponendosi come direttore di coscienze.

Birolli, certamente il più acuto del gruppo, scriverà in uno dei suoi "Taccuini": *Persico creava, in taluni, condizioni psicologiche terribili.*

È il venir meno di questa tensione morale, che Persico giudica come una colpa, che rende indegna del suo interesse l'opera dei suoi amici pittori?

O non si tratta piuttosto del veder specchiato negli altri, che in qualche modo erano stati suoi discepoli, il suo stesso fallimento, quella perdita della fede che l'aveva fino ad allora sorretto?

Oppure, ipotesi azzardata ma non folle, si tratta di una mossa abilissima, con la quale egli vuole coscientemente allontanare da sé i suoi amici perché potrebbe rappresentare un pericolo per loro?

Comunque sia, sembra che nei mesi che precedono la sua morte Persico non faccia altro che tagliare ponti alle sue spalle. È una ricerca di solitudine.

Riccardo Mariani, curatore di un'antologia di scritti di Persico, ha avanzato, in più occasioni, diverse ipotesi sulla sua morte. Una, che s'attaglierebbe perfettamente a quanto ho finora scritto, è quella del suicidio passivo.

Cioè a dire che Persico, sapendosi gravemente ammalato, abbia tenuta accuratamente nascosta a tutti la sua malattia, non si sia curato e si sia lasciato morire.

Ma che ragione aveva di lasciarsi morire?

Certamente questa sua intenzione non trapela dalla grande mole di lavoro che svolge nell'ultimo trimestre del 1935, dai progetti che elabora fino a pochi giorni prima della morte. Agisce insomma come se prevedesse di dover ancora vivere a lungo.

Mentre, al contrario, ha già fissato pubblicamente la data della sua mortc: prima che il Salone della Vittoria venga inaugurato.

E infatti così avviene.

Allora la domanda è: si è imposto una scadenza o quella scadenza gli è stata imposta?

Se si accetta l'ipotesi del suicidio volontario, quel suicidio potrebbe essere la risposta definitiva di Persico a un ricatto che gli è stato fatto.

Prendiamo per vero l'arresto dell'estate 1935.

Io personalmente sono tra quelli che a quell'arresto credono proprio per le medesime ragioni per le quali altri sono portati a non crederci: la mancanza di ogni atto ufficiale che comprovi il fermo di polizia e la successiva incarcerazione.

Quegli atti sono stati fatti sparire a bella posta o non sono mai stati scritti.

Quell'arresto immotivato, quella carcerazione, i maltrattamenti, devono avere solo un carattere intimidatorio nei riguardi di Persico. La polizia politica (e non, in questo caso specifico l'Ovra, intendiamoci bene) lo mette di fronte a un aut-aut.

O tradire gli amici artisti o essere messo in condizioni di non lavorare più con la minaccia di una persecuzione continua.

Non è una prassi inusuale nella polizia politica. Ci sono decine di casi simili. Vogliono acquisire un informatore sicuramente prezioso per la sua frequentazione dell'ambiente artistico che, tutto sommato, è quello che pullula di cospiratori antifascisti.

È un momento di particolare rigore del regime, c'è la guerra d'Etiopia, Mussolini vuole una nazione compatta e per ottenere questo risultato deve mettere a tacere gli oppositori interni.

È un caso, ma serve ottimamente a definire il clima del momento, che accanto all'articolo apparso su "L'Ambrosiano" nel quale s'annunzia la morte di Persico, ricordandone l'attività culturale, si trovi impaginato un articolo intitolato "Oro alla Patria", dove si esalta il patriottismo degli italiani che offrono le loro fedi matrimoniali per aiutare il paese condannato dalle sanzioni economiche imposte dalla Società delle Nazioni.

Ma può un cristiano come Persico indossare i panni di Giuda?

Di certo anche la polizia politica si rende perfettamente conto della sua difficile situazione e lo fa affiancare da amici, che non sono propriamente amici, col compito di convincerlo alla collaborazione, di spiarne le mosse e riferirne.

È a queste persone che allude Alfonso Gatto quando, lo stesso mese della morte di Persico, scrive in una lettera ad Anna Maria Mazzucchelli: *Ho il cuore inaridito dallo strazio e dall'odio per tutti gli uomini che lo hanno ucciso*?

Sono gli stessi sui quali Birolli torna in un taccuino? *Dell'ambigua relazione di due miei amici con Persico e un'altra figura che concorse alla sua dolente rovina, non riesco ancora a rendermi conto. Se io raccontassi la cosa senza spiegarla fino in fondo, tutto risulterebbe falsificato e le parole non avrebbero il valore che dovrebbero avere. Il mio invito cadde sempre, da una parte, in un profluvio di scuse circostanziate, dall'altra in un fiume d'amarezze.*

Chi erano queste persone alle quali Birolli si riferisce?

E poi "ambigua relazione" in che senso?

Come al solito, domande senza risposte.

Tre
Date certe della sua vita

Poiché non è facile discernere il vero dal falso nell'esistenza di Persico, vale la pena di proporre a questo punto una sua sintetica biografia basata in modo esclusivo su dati certi e comprovati.

È necessaria soprattutto per potersi districare tra le sue molteplici attività, alcune delle quali furono di brevissima durata, altre rimasero allo stato di progetto ma vennero considerate come realizzate.

Nato l'8 febbraio del 1900 in una famiglia piccolo borghese cattolicissima, frequentò il liceo Vittorio Emanuele e nel 1918 conseguì stentatamente la maturità dopo essere stato rimandato in diverse materie.

S'iscrisse quindi all'università, alla facoltà di Giurisprudenza.

Dirige una piccola rivista "Cronache Goliardiche", ma è uno studente svogliato, non interessato, tanto che dopo aver dato tredici esami abbandona nel 1921 definitivamente gli studi.

Nel 1918 è chiamato alle armi e presta servizio in Artiglieria.

Avendo aderito al Partito Democratico Sociale, tiene numerosi comizi. Nell'ottobre del 1922 viene congedato.

Libero da impegni militari, passa le sue giornate alla Biblioteca Nazionale dove legge freneticamente di tutto, dai libri di teologia e di filosofia a testi di letteratura francese e spagnola fino alle guide delle principali capitali europee.

È qui che si lega di profonda amicizia con Carlo Curcio, futuro direttore del quotidiano "Il Popolo di Roma".

Naturalmente non solo legge, ma scrive. Perché la sua ambizione di quel tempo è di diventare uno scrittore, un romanziere.

E infatti nel 1923 pubblica presso l'editore Quattrini di Firenze il suo primo libro, *La città degli uomini d'oggi*.

In quell'anno scrive una lettera a Piero Gobetti per proporgli la pubblicazione di un suo romanzo, *Il porto lontano*.

Il romanzo non sarà pubblicato ma Persico collaborerà con articoli vari tanto a "La Rivoluzione Liberale" quanto a "Il Baretti", editi da Gobetti.

In seguito parteciperà alla formazione a Napoli dei "Gruppi di Rivoluzione Liberale", voluti da Gobetti, di chiaro impegno politico.

Persico è un vulcano di proposte editoriali, l'amico torinese deve reagire per non restarne sommerso.

Nel 1925 si sposa con Cesira Oreste, figlia di un farmacista di Pescara. Da quel matrimonio, che dopo alcuni anni si rivelerà disastroso, nascono Roberto nel 1930 e Renato nel 1933.

Dopo la prematura morte di Gobetti, nel 1926, riprende i contatti con Carlo Curcio nella speranza di ottenere un lavoro. Cerca di creare un ufficio di corrispondenza da Pescara per il giornale dell'amico.

Visti vani i suoi tentativi, nel 1927 si trasferisce a Torino in cerca di fortuna. Poverissimo, vive in una soffitta senza riscaldamento, senza luce e munita di un solo lucernaio. Naturalmente si ammala. Per sopravvivere vende quel poco che possiede, soprattutto i libri.

Gli viene in soccorso il parroco di San Paolo, dove Persico ha insegnato catechismo gratuitamente, il quale gli trova un posto alla Fiat come uomo delle pulizie.

Conosce l'architetto Sartoris e ne frequenta lo studio. Scriverà Sartoris: *Lo iniziai all'architettura. Lo aiutai nel periodo della sua formazione ed avendo egli grandi capacità divenne presto indipendente.*

Poi, per interessamento della contessa Soldati, madre dello scrittore e regista Mario, Persico viene assunto quale redattore della rivista "Motor Italia", diretta dall'avvocato Stefano Bricarelli. La collaborazione di Persico si limita a tre o quattro articoli e a sperimentare nuove forme grafiche.

La nuova veste tipografica di “Casabella”
disegnata da Persico nel 1934

L'impegno con la rivista dura molto poco anche perché a Persico viene offerta la condirezione, con Mario Gromo, della casa editrice dei fratelli Ribet.

È un'occasione che esalta Persico, il quale elabora un ampio piano editoriale di largo respiro europeo. Senonché s'ammala ed è costretto ad una lunga assenza. Delega la moglie Cesira a rappresentarlo nella casa editrice. Quando torna, trova che l'assetto da lui voluto è stato stravolto da Gromo, appoggiato ora dai Ribet, e con l'assenso della moglie che non ha capito la manovra a danno del marito. Quindi, con profondo rammarico, è costretto a dimettersi.

Ai primi del 1928 fonda una sua casa editrice che si chiamerà "Biblioteca Italiana di Edoardo Persico". Ambizioni altissime, risultati quasi nulli. Il volume *Il sarto spirituale* di Prezzolini viene stampato ma non può essere distribuito perché Persico non paga la tipografia. Il secondo volume, a firma Lionello Venturi, deve essere ceduto alla Hoepli. I volumi annunziati di Le Corbusier, ancora di Lionello Venturi e di Carlo Carrà resteranno nel limbo delle buone intenzioni.

Ma in quel periodo Persico stringe amicizia con alcuni esponenti dell'ambiente artistico formatosi attorno al pittore Felice Casorati.

È qui che si rivela la sua vera natura d'intenditore d'arte, di critico sagace e acuto, di stimolatore quasi maieutico d'idee originali e, soprattutto, d'organizzatore di cultura.

Riesce così a formare il gruppo di pittori che verrà detto dei Sei, vale a dire Enrico Paulucci, Gigi Chessa, Carlo Levi, Francesco Menzio, Nicola Galante e Jessie Boswell. Si legherà d'amicizia anche con altri artisti, tra i quali Spazzapan.

Nel 1929 il gruppo dei Sei, voluto e animato da Persico, esordisce con successo alla Sala d'Arte Guglielmi di Torino.

Persico non può essere presente al vernissage: pare perché convocato dalla polizia a Napoli.

Nell'aprile dello stesso anno i Sei si presentano con più di cento opere al Circolo della Stampa di Genova. Una mostra che ha ampia risonanza. È il trampolino di lancio di Persico.

Conosce così il gallerista milanese, critico d'arte ed editore della rivista "Belvedere", Pier Maria Bardi, nella cui galleria, a novembre, organizza una mostra dei Sei.

Intanto comincia a collaborare al quotidiano cattolico "L'Avvenire d'Italia".

Bardi lo invita a trasferirsi a Milano per dirigere la sua galleria e collaborare a "Belvedere".

Agli inizi del 1930 curerà per la Galleria Bardi da lui diretta un'importante e significativa mostra di Carrà e Soffici.

Ma il 1930 è l'anno che segna una grande svolta

Edoardo Persico e Marcello Nizzoli
Installazione per il Plebiscito del 1934, Milano, Galleria Vittorio Emanuele II

Edoardo Persico e Marcello Nizzoli,
Negozio Parker in Largo Santa Margherita a Milano, 1934

nell'attività artistica di Persico. Infatti viene invitato a collaborare alla rivista d'architettura "La casa bella" fondata da Guido Marangoni.

La mostra di Carrà e Soffici ha una grande risonanza e viene accompagnata da conferenze tenute dallo stesso Persico. Che comincia anche a collaborare a "Belvedere" dopo averne rifatto la veste grafica.

Intanto frequenta gli studi di architetti come Figini e Pollini, Terragni, i quattro del BBPR (Banfi, Belgiojoso, Peressutti, Rogers) e inizia a scrivere articoli d'architettura, manifestando la sua preferenza per Wright nei confronti di Le Corbusier.

Pier Maria Bardi, che si è trasferito a Roma per aprire una nuova galleria sotto gli auspici del Sindacato fascista degli artisti, abbandona i locali milanesi.

Fatti rilevare i locali ai fratelli Ghiringhelli, Persico assume la direzione del nuovo spazio che chiamerà Galleria del Milione.

È importante sottolineare che la ristrutturazione dei locali Persico l'affida all'architetto Lingeri che ne fa uno dei primi esempi italiani del razionalismo d'interni.

Con l'architetto Giuseppe Pagano Persico dà vita su "La casa bella" a due nuove rubriche d'architettura e d'urbanistica che proseguiranno fino al 1933 e che hanno, da una parte, lo scopo di educare il gusto dei lettori e, dall'altra, d'illustrare le ragioni del razionalismo.

Nel 1931 prosegue la sua attività di gallerista con le mostre di A.A. Soldati, di Spazzapan e soprattutto, di Tullio Garbari da Persico assai stimato per le opere specificamente d'intonazione religiosa.

Ormai è il maestro riconosciuto di un gruppo di pittori che va da Birolli a Sassu a Spazzapan a Del Bon, a Garbari, a Spilimbergo, a Lilloni ed altri.

Poi il 12 febbraio, il giorno stesso dell'apertura della mostra dedicata a Fontana e a Spilimbergo, Persico lascia la direzione della Galleria del Milione, che è diventata il centro culturale milanese più vivo e avanzato, per contrasti con i fratelli Ghiringhelli.

Pare che i contrasti siano d'origine esclusivamente artistica. I fratelli Ghiringhelli sono sempre più "ostili" (è la parola adoperata da Persico in una lettera a Paulucci) alle scelte del direttore, soprattutto quelle orientate verso un'arte religiosa. E così si arriva alla rottura.

Nel mese d'aprile inizia a collaborare a "L'Ambrosiano". La collaborazione si concluderà in ottobre dopo la pubblicazione di dodici articoli.

Nel 1932 sembra che possa riprendere a lavorare con Bardi ma poi non si concretizza niente.

L'anno seguente Giuseppe Pagano assume la direzione di "Casabella" (ora si chiamerà così). Persico ne è condirettore e cura, tra l'altro, la grafica e l'impaginazione.

Edoardo Persico, Marcello Nizzoli, Giancarlo Palanti
(Lucio Fontana per la scultura) Salone della Vittoria, 1936

Comincia a insegnare all'Istituto Superiore Artistico di Monza.

Tiene diverse conferenze.

Nel 1934 ridisegna la copertina di "Casabella". L'architetto Gio Ponti lo chiama per curare un fascicolo speciale di "Domus", la rivista che egli dirige. Si tenga presente che anche "Casabella" appartiene al gruppo editoriale Domus.

In collaborazione con l'architetto Marcello Nizzoli passa a realizzare concretamente certe sue idee di grafica, pubblicitarie e d'arredamento.

La loro costruzione in tubi d'acciaio installata nella Galleria in occasione del Plebiscito voluto da Mussolini merita la prima pagina della "Domenica del Corriere".

La collaborazione tra i due prosegue alla Mostra dell'Aeronautica e nella veste innovativa data al negozio Parker.

A novembre Gio Ponti gli propone un saggio sulla situazione dell'architettura italiana. Persico gli consegna uno dei suoi più importanti scritti: "Punto ed a capo per l'architettura".

A gennaio dell'anno seguente, altra importante panoramica sull'architettura con la conferenza tenuta alla Pro Cultura Femminile di Torino intitolata "Profezia dell'architettura".

Nel corso dell'anno progetta il chiosco "Domus" per la Fiera di Bari, arreda gli studi di Mazzocchi e di

Cazzaniga e, di nuovo con Nizzoli, lavora al progetto per un secondo negozio Parker.

Il suo interesse per la pittura sembra essere scomparso.

Si dedica anche alla scenografia per il teatro di prosa.

Nel mese di novembre termina il saggio sul pittore Lucio Fontana.

Per "Domus" cura un'antologia dal titolo *Dopo Sant'Elia* e un volume, *Arte Romana. La scultura romana e quattro affreschi della villa dei Misteri*.

L'ultimo suo progetto, in collaborazione con Nizzoli e l'architetto Palanti, è quello del "Salone della Vittoria", che vincerà il I premio della Triennale.

Muore nella notte tra il 10 e l'11 gennaio 1936 nella sua abitazione.

In conclusione, chi è stato Persico?

È stato il profeta della nostra giovinezza, afferma il pittore Aligi Sassu il cui nome è stato "mormorato" in occasione della sua morte. E prosegue: *È certo l'uomo che più ci ha amati, che più ha capito l'ansia di noi giovani tesi ad una civiltà nuova...*

E il pittore Ciro Cancelli così ne scrive all'amico Dino Garrone nei primi mesi del 1930: *Vi è qui a Milano – venuto da Torino – un animatore d'ingegno fortissimo e di una volontà di ferro che sta prendendo le redini del movimento artistico più sano di Milano. È questi Persico... Conosciutolo ed essere subito conquistato è stato per me l'affare di un'ora. Vi è stata subito una parola d'ordine: ed è quella che tutte le forze sane e di fede d'Italia si conoscano fra di loro per scatenare l'offensiva di massa.*

Persico, insomma, dal momento che ha maturato le proprie convinzioni in fatto d'arte e d'architettura è stato di una coerenza assoluta e di un rigore inflessibile.

Altrove sono da ricercare le sue zone d'ombra.

Quattro
L'ambiguità politica

Finalmente un documento esiste. Ma forse perché è relativamente recente. Si tratta del decreto ministeriale del 16 ottobre 1970, con il quale il Ministero del Tesoro riconosce a Cesira Oreste, vedova di Edoardo Persico, la pensione privilegiata per la morte del marito, "perseguitato politico avvenuta il 10/1/1936 per cause di guerra".

Chissà cosa intende il Ministero con "cause di guerra". Meglio non soffermarsi.

La commissione aveva dato parere favorevole osservando che "si rileva che Persico Edoardo ebbe a subire incarcerazione nel periodo compreso tra la fine del 1924 ed il gennaio 1925 e nel 1935, nel periodo compreso tra l'estate e la fine di novembre".

Inoltre Ada Prospero, vedova di Piero Gobetti, rivelò che Persico, dopo la morte di suo marito, aveva continuato "a operare clandestinamente in collaborazione coi più noti antifascisti fino alla sua scomparsa".

Ma questa asserita attività clandestina non risulta in alcun modo documentabile.

Perché Ada Prospero rilascia quella dichiarazione evidentemente di comodo, al solo scopo di fare ottenere la pensione alla vedova di Persico? Perché i rapporti tra Persico e Gobetti c'erano stati. Ma di essi parleremo tra poco.

Mentre, appena diciannovenne, Persico tiene una conferenza addirittura su san Tommaso, contemporaneamente aderisce al Partito Democratico Sociale di Giovanni Amendola, al quale è anche iscritto il padre, partito che a Napoli aveva un buon seguito anche tra i giovani.

Quindi tiene il piede in due staffe: una è l'ardente cattolicesimo, l'altra la socialdemocrazia.

E non si tratta di un'adesione formale, per obblighi familiari, perché Persico diventa subito un solerte propagandista della socialdemocrazia facendo numerosi comizi e cercando di creare, ma invano, gruppi di "attivisti del sud".

I suoi comizi non sono mai tranquilli, addirittura nel corso di uno di essi, a Posillipo, rischia di venire linciato da alcuni fascisti in vena di menar le mani.

E la polizia debitamente lo scheda come attivo militante del partito di Amendola.

Però non perde mai di vista le sue convinzioni religiose. Nello stesso periodo infatti tenta di fondare un giornale intitolato "Cattolici" ed è, a quanto pare, sul punto di riuscirci, quando il fallimento della Banca di Sconto manderà in fumo il finanziamento.

Dell'attività politica di Persico nel 1922, l'anno della presa del potere da parte dei fascisti, si hanno poche notizie scarse e confuse.

Pare, come risulta da un accenno del fratello Renato, che sia stato, sia pure per pochissimo tempo, il responsabile del neonato Partito fascista napoletano, mentre si sarebbe interessato, parallelamente, alle idee politiche di Benedetto Croce.

Angelo d'Orsi, attento e acuto storico che a Persico ha dedicato illuminanti pagine, ritiene che sia stata possibile l'adesione al fascismo senza però aver ricoperto cariche di responsabilità.

Altro che esser ondivaghi! Persico sembra navigare senza bussola, in preda ai venti più contrastanti.

E, come se non bastasse, in quello stesso anno scrive *La città degli uomini d'oggi*, che farà pubblicare nel 1923 dall'editore Quattrini di Firenze.

È un saggio sulla condizione dell'uomo contemporaneo, di forte intonazione cattolico-integralista, che fa a pugni con Giovanni Amendola, col fascismo, con Benedetto Croce, ispirato al libro *L'Homme* di Ernest Hello che era stato pubblicato anche in traduzione italiana.

D'Orsi afferma che più che d'ispirazione per molte parti si possa addirittura parlare di plagio. Lo stesso d'Orsi concluderà la sua disamina del saggio affermando che l'ideale "città cubica" sognata da Persico "assomiglia assai di più alla *Civitas Dei* che alla città a misura d'uomo di Le Corbusier".

Il cammino di Persico come teorico dell'architettura razionale è tutto ancora da intraprendere.

E in questo libro viene anche stampata, e quindi documentata, una sua vanteria quasi puerile.

Persico vi afferma infatti d'aver fatto pubblicare, in precedenza, due volumi a sua firma andati esauriti. Si tratta di *The High Flame*, edito a Londra nel 1919 da Art's Editions, e di *Jardins d'automne*, stampato a Berna nel 1921 dall'editore C. Schneiderberg.

Di questi libri nessuno è riuscito a trovar altra notizia che non sia quella data dallo stesso Persico. D'Orsi è certo che sia una pura fantasia ed è difficile non essere d'accordo con lui.

Sempre nel volume pubblicato da Quattrini è anche annunziato un romanzo, *Il carico di sale* che non vedrà mai la luce.

Quindi di tutte le scorribande politiche di Persico, l'unico fatto concreto è un saggio che oggi anche un parroco di campagna non si sentirebbe di condividere.

Poi, l'11 giugno 1923, esce sulla prima pagina del giornale napoletano "Il Mezzogiorno" un trafiletto intitolato "Chi è Piero Gobetti" firmato da Giuseppe Prezzolini. Quel Prezzolini che Persico assicura d'amare e venerare come Maestro. Un altro!

Persico ne rimane letteralmente folgorato.

Ma più che dal politico Gobetti, creatore e direttore di "La Rivoluzione Liberale", egli è attratto dal giovanissimo editore Gobetti che si ripropone di lanciare talenti nuovi.

Gli scrive immediatamente, compiegando un romanzo dal titolo *Il porto lontano*.

La lettera è un miscuglio spavaldo di verità e bugie.

Esordisce dicendo di aver sentito parlar bene di Gobetti di ritorno dall'estero, dove forse ancora non è mai stato o forse ha già soggiornato brevemente a Parigi. Elenca le sue pubblicazioni, le due non vere e l'unica vera. Ma quest'ultima non gliela manda, trovando la buona scusa che è venuta male tipograficamente e che gliela invierà non appena uscirà la ristampa che è in corso.

Non ottempererà mai alla promessa almeno per due buoni motivi, il primo è che intuisce come le sue idee integraliste possano non piacere a Gobetti e il secondo è, come nota d'Orsi, il timore che Gobetti, che conosce l'opera di Hello, possa accorgersi dei plagi.

Cita, nella lettera, brani di recensioni ai volumi che sarebbero stati pubblicati. In una viene definito "forse il più geniale campione della borghesia", in un'altra è detto "un grande scrittore".

Si tratta naturalmente di recensioni completamente inventate.

Circa il romanzo, precisa che esso è il primo di un ciclo, dal titolo complessivo *Il giro del mondo*, in cui viene narrata "la vita di un uomo d'oggi, una sorta di storia privata del secolo, come Balzac voleva che fosse il romanzo".

Gobetti su "La Rivoluzione Liberale" annunzierà l'uscita de *Il porto lontano* con parole altamente elogiative. La pubblicazione però non avverrà mai.

Gobetti, privatamente, al di là delle inserzioni pubblicitarie, glielo stronca ferocemente. E Persico di quella stroncatura rimane così convinto che, qualche anno dopo, darà alle fiamme il suo romanzo.

Tra i due la corrispondenza via via s'infittisce (le lettere di Gobetti però sono andate smarrite).

Persico pubblicherà degli articoli di politica e di cultura su "La Rivoluzione Liberale" e la sua partecipazione a "Il Baretti", la rivista letteraria edita da Gobetti, sarà confinata ad articoli sulla letteratura spagnola. Gobetti è spesso costretto a porre argini alle straripanti proposte di Persico che arriva a sottoporgli il progetto di un numero della rivista interamente scritto da lui con vari pseudonimi.

Il rapporto tra i due non sarà mai facile, ma Persico prende atto delle severe reprimende e va dritto per la sua strada.

Ma c'è un momento, ed è quello che qui interessa, nel quale Persico intreccia un rapporto con il Gobetti politico, sulla cui attività specificamente militante non ha mai speso una parola, nemmeno un cenno, per esempio, sul suo duplice arresto avvenuto nel febbraio e nel maggio 1923.

Ma ai primi di giugno del 1924, in seguito a una precisa richiesta di Mussolini di rendere la vita difficile a questo "insulso oppositore", il settimanale di Gobetti viene sequestrato e la sua abitazione perquisita.

Persico gli invia un telegramma non convenzionale di solidarietà e si mette a disposizione dell'amico per collaborare alla costituzione nel sud di "Gruppi di Rivoluzione Liberale" al fine della creazione di una nuova classe dirigente.

Anche se Persico, forse a causa di esperienze precedenti, è fortemente scettico: "nelle nostre città non è possibile mettere assieme dieci intellettuali perché, o non esistono, o s'infischiano di gruppi, di partiti, di associazioni".

Comunque è da sottolineare che ora Gobetti e Persico, quasi coetanei – Persico è di un anno più grande – passano dal formale lei al tu.

Persico diventa il responsabile del Gruppo napoletano.

Qualcuno scriverà che proprio per questa attività a favore di Gobetti sarà arrestato dalla polizia fascista. Come troppo frequentemente accadrà, di questo arresto non sarà rinvenuto nessun documento ufficiale.

E quindi alcuni affermeranno che esso non è mai avvenuto.

Però nella motivazione della pensione privilegiata alla vedova di Persico, è scritto a chiare lettere che questi subì il primo arresto sul finire del 1924. E allora?

I Gruppi risulteranno velleitari, confusi nei propositi, e non avranno alcuna incidenza sulla vita politica.

Il loro risultato migliore sarà un "Appello ai meridionali", redatto in realtà dal grande meridionalista Guido Dorso e che sarà firmato, tra gli altri, anche da Persico.

Angelo d'Orsi ha spiegato brillantemente la natura dei rapporti tra Persico e Gobetti.

Ed è arrivato alla conclusione che comunque il torinese segnò profondamente la vita del napoletano. La maturazione culturale di Persico avvenne per l'influenza che Gobetti esercitò su di lui.

Ma Persico sembra, in quegli anni, incorreggibile.

In uno degli ultimi numeri de "La Rivoluzione Liberale" appare la prima parte di un lungo articolo dedicato alla figura del deputato francese Joseph Caillaux, a firma di un tale Ward Perch che nasconde malamente il vero nome dell'autore: Edoardo Persico.

Poi "La Rivoluzione Liberale", che ha a lungo rappresentato la bandiera dell'antifascismo illuminato e colto, è costretta a cessare per sempre le pubblicazioni l'11 novembre 1924.

Gobetti nel 1926 si rifugia in Francia, dove i suoi scompensi cardiaci insorti forse per le persecuzioni fasciste, s'aggravano. Muore il 15 febbraio di quello stesso anno.

Ebbene, su quale rivista Persico pubblicherà la seconda parte del suo articolo?

Su un'altra pubblicazione antifascista? Nemmeno per sogno.

Lo farà stampare da "Critica fascista", diretta da uno dei gerarchi più in vista del regime, Giuseppe Bottai.

Di Bottai è amico Carlo Curcio, a sua volta amico fraterno di Persico. Sarà stato certamente Curcio il tratto d'unione. E Persico si adegua facilmente alla richiesta dell'amico di pubblicare la parte finale del saggio.

E in una delle lettere che scrive in quel periodo a Curcio Persico si affretta a precisare di non avere "una posizione propriamente politica". Anche prendendo per vera questa giustificazione, un minimo di decenza avrebbe voluto...

Ma non solo. Come giustificare il fantomatico arresto che sarebbe avvenuto per aver collaborato alla creazione dei Gruppi antifascisti gobettiani?

La motivazione che Persico propone ha un sapore tutto partenopeo. Dunque, trovandosi egli in un ristorante, il suo pasto veniva continuamente interrotto dai posteggiatori che intonavano "Giovinezza, giovinezza" ad ogni pie' sospinto. L'esecuzione dell'inno fascista significava, per gli avventori, l'obbligo di smettere di mangiare e di alzarsi in piedi. Perciò avrebbe protestato vivacemente. Nasceva un tafferuglio con avventori di fede fascista e da qui l'arresto.

Non antifascismo dunque, ma il timore che gli spaghetti alle vongole diventassero immangiabili.

Cinque
Ancora dell'ambiguità politica

Persico opportunamente dimentica che una patente di antifascista *ante litteram* in quanto socialista convinto se l'era voluta prendere già ai primordi del fascismo, quando sostenne di avere interrotto gli studi in legge all'università perché gli era stato negato di svolgere la tesi di laurea sul diritto di sciopero. Diritto di sciopero che, come si sa, il fascismo avrebbe abolito.

È ampiamente provato invece che nessuno gli negò niente in quanto di una sua eventuale tesi sarebbe stato prematuro parlarne, dato che aveva sostenuto solo tredici esami. Interruppe quindi gli studi di sua spontanea volontà.

D'Orsi, a conclusione del suo studio su Persico che però si limita ad abbracciare la sua attività "torinese", dalla collaborazione con Gobetti a quella con la casa editrice Ribet e alla formazione del gruppo dei Sei, arriva ad un'acuta conclusione che comprende anche gli anni non presi da lui in esame, e cioè che il lavoro culturale di Persico, tra il 1922 e il 1936, "si muova nella direzione opposta e contraria ad una certa linea interna al fascismo, vicino invece a talune posizioni della cultura antifascista, ma anche consonante a voci interne al fascismo stesso".

Per cui, nel caso di Persico, "il discrimine fascismo/antifascismo non serve".

Persico, in campo artistico, si mosse in effetti nella zona d'influenza del cosiddetto fascismo di sinistra, si venne cioè a trovare, volendolo o no, compagno di strada di intellettuali problematici come Dino Garrone e Berto Ricci.

E del primo divenne anche fraterno amico. La loro corrispondenza sarà raccolta e pubblicata.

Erano, questi intellettuali, osteggiati e combattuti dal potente gerarca Roberto Farinacci che vedeva in loro addirittura dei criptocomunisti, mentre erano difesi e appoggiati da Giuseppe Bottai, gerarca intellettuale e colto.

Dino Garrone, di quattro anni più giovane di Persico, laureatosi a Bologna con una originale tesi su Verga, aveva un temperamento vivacissimo, di non comune vitalità, polemico, insofferente delle costrizioni, amante dell'imprevisto.

Oltre che di Verga fu uno studioso dei primi vociani come Slataper, Boine e Serra, di cui ammirava la tensione morale e il rigore. Che del resto era pronto a riconoscere a un antifascista come Piero Gobetti. In ciò trovandosi sulla stessa linea di Persico.

Dei vociani Garrone amava anche la loro esaltazione dell'eroismo spinto fino al dono di sé, nel quale egli leggeva in filigrana la virtù suprema del futuro fascismo.

Inevitabile quindi il suo incontro con un pensatore fascista quale Berto Ricci.

Ricci, fiorentino, classe 1905, professore di matematica, nasce politicamente come anarchico dichiarato ma prende la tessera fascista nel 1927.

Nel 1931 fonda la rivista "L'Universale", portavoce delle sue idee sociali avanzatissime e che crede siano possibili attuare attraverso la rivoluzione fascista.

Nemico acerrimo della borghesia e delle idee borghesi, propugnava la rivoluzione perpetua al fine di raggiungere una superiore civiltà del lavoro nella quale il lavoratore è proprietario della fabbrica mentre il proprietario ne è compartecipe.

La rivista di Ricci terminerà le pubblicazioni nel 1935 con la motivazione che, essendo stata dichiarata la guerra d'Etiopia, *non era più tempo di carta stampata.*

A Garrone, Persico era stato presentato per lettera, come si è visto, dal pittore Ciro Cancelli.

Successivamente, attraverso Garrone, Persico conosce il pittore Ottone Rosai e Berto Ricci. È molto bene accolto nella cerchia di Rosai.

È in questa occasione che Garrone e Ricci chiedono a Persico di rendere possibile la pubblicazione di un fascicolo, intitolato "Il Rosai", che avrebbe dovuto contenere scritti di loro due, di Bruno Rosai e di Gioacchino Contri.

La pubblicazione non vuole essere solo un omaggio a Rosai, intende essere qualcosa di più. Un gesto politico.

Vale a dire ancora una volta accendere una polemica feroce contro gli ideali borghesi a favore di una concezione di vita più vicina alla natura e ai suoi valori.

Persico si mette all'opera e il fascicolo, stampato nella tipografia fiorentina L'Economica, esce nel mese di luglio del 1930.

Ma Persico, che evidentemente non ha potuto seguire il lavoro in tipografia com'era solito fare, lo giudica un aborto di cui non sa darsi pace.

Ora è indicativo come, pur avendo molteplici consonanze con le idee di Ricci, Persico non collaborerà mai con "L'Universale".

Farlo, avrebbe significato schierarsi apertamente coi fascisti, sia pure di sinistra. Persico preferisce mantenersi sulla linea di confine.

Del resto, lo stesso Garrone, che fascista convinto lo era, collaborò politicamente assai poco con l'amico Ricci.

Il rapporto Garrone-Persico s'interruppe quando Persico tentò vanamente di convincere Garrone di non andarsi a stabilire a Parigi. Garrone non riusciva a vivere in un'Italia sempre più provinciale, ristretta, e non ascoltò l'amico.

A Parigi morì di setticemia il 10 dicembre 1931.

Per la cronaca, Berto Ricci allo scoppio della guerra nel 1940 partì come volontario. Si sussurrò che andasse a cercare la morte, deluso dal fascismo in cui aveva tanto creduto.

Venne ucciso nel corso di un mitragliamento aereo a Bir Gandula, in Libia, la mattina del 2 febbraio 1941.

È da notare però come proprio nel biennio 1929-30 Persico venga sottoposto ad un assiduo controllo da parte della polizia politica.

Si è già detto che nel 1929 Persico non era potuto essere presente al vernissage della mostra dei Sei perché trattenuto a Napoli dalla polizia. Non ci sono altre notizie su questo fermo.

Però, in data 29 luglio 1929, viene inviata un'informativa da parte dell'Alto Commissario di Napoli che inizia così: *Il noto socialista, intelligente e colto, Edoardo Persico da Napoli (vecchio amico di S. E. Bottai)...*

Vale la pena di soffermarsi un momento su questo incipit.

Persico è dato senz'altro come socialista. E questo potrebbe anche andare, dati i suoi comizi a favore del partito di Amendola.

I due aggettivi, intelligente e colto, che nei rapporti di polizia gli resteranno attaccati come un'etichetta, in questo caso hanno la valenza di scaltro e navigato. È noto come per la polizia politica intelligenza e cultura alzassero, e di molto, l'indice di pericolosità.

E poi segue una sorta di avviso sul comportamento da tenere: muoversi con precauzione perché è un vecchio amico di Bottai. Ora Persico non fu mai un vecchio amico di Bottai, non fu nemmeno suo amico, e magari gli sarebbe piaciuto esserlo.

Aveva pubblicato solo un articolo sulla rivista diretta da Bottai tramite l'amico Carlo Curcio che con Bottai era in confidenza.

A creare false storie su Persico non sono solo Persico e i suoi amici, ma ci si mette anche la polizia.

L'informativa in sostanza afferma che Persico passa le sue giornate a raccogliere documenti, statistiche, notizie che possano essere usate per la propaganda antifascista. Che questa documentazione è voluminosa, che si trova in casa Persico e che una perquisizione avrebbe il solo risultato di farla partire verso ignoti lidi.

E qui c'è qualcosa di strano. Se un informatore avverte che c'è del materiale antifascista raccolto in un appartamento, perché non viene disposta un'immediata perquisizione? Certo, essa ci sarà, ma molto tempo dopo la segnalazione, quasi si volesse dare tutto il tempo necessario perché la compromettente documentazione venisse fatta scomparire.

Il 31 agosto altra informativa da Napoli dove è detto che nei suoi soggiorni napoletani Persico *mantenne comportamento riservato e non richiamò su di sé l'attenzione delle Autorità di polizia.*

Il 6 settembre dal Ministro dell'Interno, ma a firma del Capo della polizia, viene inviata al Prefetto di Torino un'informativa su Persico dove ritornano l'intelligente e colto, la vecchia amicizia con Bottai e si mette in guardia sulla raccolta di dati antifascisti che Persico andrebbe continuando.

A questo punto l'Alto Commissario di Napoli manda un rapporto a Roma in data 28 settembre.

Persico si è recato a Napoli per andare a trovare il padre molto ammalato e la polizia approfitta di quella circostanza.

Una perquisizione testè operata nella persona e nel domicilio ha fruttato il sequestro di un opuscolo dal titolo "Crisi mondiale", saggi critici di marxismo e di socialismo di Adriano Tilgher, editore Zanichelli Bologna nel 1921 e varie carte e manoscritti di scarsa importanza. Ho disposto sul Persico conveniente vigilanza.

L'8 ottobre la Prefettura di Torino comunica al Ministero dell'Interno che da Napoli le è pervenuta la segnalazione che nel corso della perquisizione in casa Persico è stato rinvenuto un volume di Adriano Tilgher.

Ma aggiunge che, ed è questa la notizia che conta, anche la perquisizione operata nell'alloggio torinese di Persico, in sua assenza, non ha dato alcun esito.

Anche il Prefetto di Torino lo mette sotto sorveglianza.

Insomma, la montagna ha partorito il topolino.

Dell'imponente documentazione antifascista raccolta da Persico non si trova nemmeno un'esile traccia né a Napoli né a Torino.

Tutto quello che si rinviene è un innocuo volume di Tilgher.

Allora viene da domandarsi il perché di questa mobilitazione poliziesca.

Potrebbe trattarsi di un effetto collaterale.

La polizia torinese da tempo tiene d'occhio Carlo Levi, lui sì effettivo complottatore contro il fascismo, che Persico frequenta assiduamente. Può darsi che la polizia abbia voluto allargare il campo d'attenzione fino a lui.

Ma, d'altra parte, appare anche strano che nei due alloggi di Persico e nella sua persona non venga trovato nulla che non dico che sia ma che possa essere considerato compromettente.

Va bene che Persico nel periodo d'estrema indigenza che segnò il suo primo soggiorno torinese fu costretto a vendere tutti i suoi libri, ma dopo non ne comprò più nessuno?

È possibile che non sia stata trovata nemmeno un'agenda d'indirizzi, un foglietto, un pezzo di carta qualsiasi in cui di certo il nome di qualche artista antifascista sarebbe stato segnato?

È come se in previsione di quelle perquisizioni a Torino e a Napoli qualcuno, ma non certo Persico, avesse provveduto a far preventiva pulizia, lasciando a bella posta solo il libro di Tilgher per non destare sospetti.

Si potrebbe anche avanzare un'altra ipotesi.

E cioè che la polizia fiutasse qualcosa di poco chiaro nell'atteggiamento di Persico senza riuscire a capire che cosa.

Come se intravedesse al di là della sua ormai ben definita figura pubblica la sagoma confusa e sfuggente di un altro uomo indefinibile, di un uomo segreto.

Un uomo dalla doppia vita.

Per la polizia di allora, la doppia vita non poteva consistere ovviamente altro che nell'antifascismo. E in questa situazione si muove senza ottenere risultati.

Ma non demorderà mai.

Infatti, quando la Mazzucchelli e Palanti andranno dalla polizia per far forzare l'uscio di casa di Persico, il maresciallo di zona affermerà di conoscerlo. Probabilmente è lui, o qualcuno dei suoi uomini, ad aver ricevuto il compito di sorvegliarlo.

Il controllo poliziesco su Persico è così evidente che Pier Maria Bardi, per allentarlo, proporrà ad Arnaldo

Mussolini un articolo di Persico da pubblicare sul “Popolo d’Italia”, l’organo ufficiale del partito fascista.

Non se ne farà niente, non si sa se per rifiuto di Persico o di Mussolini, che del quotidiano era il direttore.

La polizia continuerà a tenere d’occhio Persico.

Fino al misterioso arresto dell’estate del 1935 che, a mio parere, segna l’inizio della sua fine.

Sei
La sua morte e gli altri

L'architetto Bruno Zevi, con una buona dose di sarcasmo fuori luogo, ha scritto che tutto sommato Persico è stato un abile inscenatore della propria morte "misteriosa". Per rafforzare quella sua leggenda, da lui stesso creata, che sarà presa come oro colato dai suoi ferventi seguaci e divulgata con opportune aggiunte personali.

È soltanto un paradosso che però non dirada nessuna delle tante ombre che non si possono non vedere e che non sono per niente frutto di una leggenda.

Se però quanto ha scritto Zevi lo si piglia per un momento sul serio, ma solo per un momento, allora bisogna dire che Persico un buon inscenatore lo è stato anche delle onoranze funebri e del comportamento perlomeno anomalo di molti tra i suoi amici.

Per prima cosa, lascia molto perplessi il fatto che gli annunzi della sua morte, rispetto alle vaste conoscenze nell'ambiente artistico e ai molti rapporti di lavoro che aveva intrattenuto, siano appena cinque e tutti concentrati sullo stesso giornale, il "Corriere della Sera".

La moglie Cesira, i figli Roberto e Renato, la madre, i fratelli, le sorelle e i parenti tutti annunciano, con profondo dolore, la perdita del loro caro

Edoardo Persico

Con successivo annuncio si darà notizia del giorno e dell'ora dei funerali. — Milano, 11 gennaio 1936-XIV.

L'Architetto Ponti, il Dottor Mazzocchi, l'Architetto Pagano, profondamente commossi, partecipano l'improvvisa morte dell'amico e collaboratore carissimo

Edoardo Persico

oggi avvenuta. — Milano, 11-1-1936-XIV.

Anna Maria Mazzucchelli partecipa, con profondo dolore, la morte di

Edoardo Persico

Maestro ed amico carissimo. — Milano, 11 gennaio 1936-XIV.

L'Editoriale Domus e i compagni di lavoro tutti partecipano costernati l'improvvisa morte, a soli 35 anni, del buono, valoroso e carissimo collaboratore

Edoardo Persico

Condirettore di «Casabella». — Milano, 11 gennaio 1936-XIV.

Marcello Nizzoli e Giancarlo Palanti annunciano, con fraterno dolore, la perdita dell'amico carissimo e compagno di lavoro

Edoardo Persico

Milano, 11 gennaio 1936-XIV.

---

gli Istituti, gli Amici che hanno voluto, di persona, per iscritto, con fiori, onorare la memoria del compianto

Cav. Uff. Arturo Cecchini

Particolarmente ringrazia il Sanatorio di Ornago, il Direttore e i Medici del Sanatorio di Vialba, la Direzione dell'Ospedale Appiani di Bosisio, l'affezionatissimo amico Avv. Comm. Galbarini e le Rev. Suore infermiere Figlie di S. Eusebio che amorevolmente hanno assistito il caro Estinto. — Milano, 17-1-1936-XIV.

(*Imp. G. Fusetti, v. F. Sforza 39, t. 573-026*)

La famiglia Calcagni nell'impossibilità di ringraziare individualmente tutti i buoni che vollero con scritti, con fiori e con la presenza onorare la cara memoria del suo Estinto

Edoardo Calcagni

esprime, con animo commosso e riconoscente, i più sentiti ringraziamenti. — Milano (corso Como 14), 16-1-1936-XIV.

Nel terzo doloroso anniversario della morte della loro diletta

Gina Manzoni-Baldi

la famiglia ne rievoca la carissima memoria. — In suo suffragio verrà celebrata una S. Messa domattina, alle ore 8, nella Cappella del Cimitero Monumentale. — Milano, 17 gennaio 1936.

I parenti, gli amici e L'Editoriale Domus comunicano che i funerali del compianto

Edoardo Persico

avranno luogo oggi 17 gennaio, alle ore 15.30, partendo dall'Obitorio di via Ponzio. — Milano, 17 gennaio 1936.

Necrologi e annuncio delle esequie, "Corriere della Sera",
12 e 17 gennaio 1936

Ce ne sarà un sesto, sempre sul "Corriere", in data 17, dove i parenti, gli amici e l'Editoriale Domus annunziano che i funerali avranno luogo quel giorno stesso alle 15,30 partendo dall'obitorio di via Ponzio.

Il primo dei cinque annunzi è della moglie Cesira, dei figli e dei famigliari; il secondo è di Gio Ponti, di Mazzocchi e di Giuseppe Pagano; il terzo è della Mazzucchelli; il quarto è dell'Editoriale Domus e dei compagni di lavoro e solo qui Persico viene ricordato come condirettore di "Casabella"; il quinto è degli amici Nizzoli e Palanti.

Salta subito agli occhi come, stranamente, non ci sia un annuncio autonomo della direzione e della redazione di "Casabella" o del direttore Pagano. È un'assenza inspiegabile.

Nessun altro giornale dà la notizia della morte.

Fatta eccezione de "La Stampa" di Torino e del quotidiano "L'Ambrosiano", al quale Persico aveva collaborato, che pubblica un commosso e complessivamente bene informato trafiletto.

O almeno così appare a leggerlo ai nostri giorni.

Senonché ci deve essere in quelle righe qualcosa che a noi rimarrà celato ma che fa scrivere a Birolli: *È da otto anni che correggo bozze all'Ambrosiano ... L'11 gennaio scorso ho dovuto correggere un ambiguo corsivo di un molto noto anonimo sulla morte, avvenuta lo stesso giorno, dell'amico Edoardo Persico. Sono co-*

se che rattristano il correttore che va più in là delle sue mansioni; ma non posso farci nulla. C'è nell'aria quasi un senso di condanna per molte cose, per tutte le cose, per noi e per gli altri, per non poter rompere questo cerchio.

Perché ambiguo? Forse perché vi è detto che Persico aveva fatto molto, ma che molto non gli sarà più possibile fare?

E poi: quale cerchio? Quale condanna?

Un dato è incontrovertibile. Attorno a quella morte si crea subito un palpabile clima a metà strada tra l'omertà e la voglia di dimenticare, di archiviare Persico al più presto.

La Mazzucchelli, intervistata dall'architetto Maurizio di Puolo nel 1977, riferisce che Persico ripeteva spesso, come ossessionato, d'avere molti nemici. Ma lei non riusciva a capire di quali nemici parlasse e l'attribuiva a momenti di depressione.

Persico si riferiva solo ai nemici che si era fatto con le sue idee sull'architettura, un'architettura *naturaliter* antifascista, avversa ai colonnati e agli archi che parevano di cartapesta anche se non lo erano?

Perché, come ricorda la Mazzucchelli, a "Casabella" oltre a propugnare un'architettura all'opposto di quella celebrativa del regime, si faceva anche una concreta azione di sabotaggio quando ricevevano articoli e foto da architetti fascisti: o non li pubblicavano adducendo ragioni di spazio o ne tagliavano le parti più trionfalistiche sempre giustificandosi con la mancanza di spazio.

Oppure, ipotesi assai inquietante, Persico si riferiva a nemici molto più pericolosi?

Ed è concepibile che tra i suoi amici più intimi nessuno sapesse a quali veri nemici intendesse riferirsi?

Vale la pena di riportare alcune frasi che Riccardo Mariani scrive nella prefazione a *Oltre l'architettura* a giustificazione di alcune omissioni nella biografia: *Questo è dovuto a una strana circostanza: chi ha conosciuto Persico ancora oggi mostra inspiegabili reticenze sulla sua vita degli ultimi anni e sulla sua morte. Nel tentativo di "sapere" a proposito della sua morte mi sono imbattuto in almeno tre "verità" plausibili, senza che alcuno mi fornisse spiegazioni esaurienti e fuori da dubbi. Chiunque mi prospettasse una spiegazione non negava che potessero esisterne altre. C'è poi ancora una specie di "omertà" stupefacente attorno a Persico nonostante siano passati più di quarant'anni dalla sua morte...*

È come se un invisibile ma temuto Minculpop, appena scoperto il cadavere, avesse diramato una velina di servizio a giornali e a quanti erano in un modo o nell'altro in rapporti con lui: "parlare il meno possibile di Persico, farlo dimenticare".

Una *damnatio memoriae* che in qualche modo finisce con l'arrivare anche a "Casabella".

Lo si apprende, con un certo stupore, da un brano della citata intervista alla Mazzucchelli, la quale, dopo la morte di Persico, è lei ad assumersi il compito di andare in tipografia a curare la veste grafica della rivista. Del resto Persico ne aveva apprestato in anticipo due numeri.

Quando poi Persico morì, Pagano mi mandò a chiamare e mi fece capire che me ne dovevo andare forse anch'io. Proseguii comunque a curare la rivista.

Perché questa imprevista e imprevedibile richiesta di Pagano?

Che cosa ha mutato la morte di Persico all'interno della redazione? Quali equilibri interni può avere alterato?

Si tenga presente che a sostituire in qualche modo Persico viene chiamato il poeta Alfonso Gatto che è un fedelissimo di Persico, un acceso divulgatore delle sue idee, ne è una sorta di gregario, restando sempre Persico il campione assoluto.

Quindi una linea di continuità viene così assicurata.

Perciò l'invito ad andarsene è rivolto esclusivamente alla persona della Mazzucchelli.

Il che è perlomeno curioso, dato che la Mazzucchelli era entrata a far parte di "Casabella" quando Pagano ne era diventato direttore, dato che sino a quel giorno era stata la segretaria dello stesso Pagano. Un rapporto di lavoro soddisfacente per Pagano, se si porta dietro la Mazzucchelli nella redazione di "Casabella".

Che poi, con l'arrivo di Persico, lei sia rimasta affascinata dalla personalità di questi, ma, detto tra parentesi, nemmeno Pagano scherzava in fatto di personalità, schierandosi dalla sua parte in alcune decisioni riguardanti la rivista, questo è un altro discorso.

Ma non credo Pagano uomo capace di vendicarsi del "tradimento" della sua segretaria chiedendole di dimettersi.

E allora?

Sospetta forse che la Mazzucchelli abbia ricevuto da Persico delle confidenze alquanto pericolose e teme che un'eventuale azione contro di lei finisca per coinvolgere anche "Casabella"?

Ma la Mazzucchelli era donna che sapeva come muoversi. Non è così sprovveduta e ingenua come vuole apparire. Lo si nota da una delle prime frasi dell'intervista a di Puolo: ... *ma non ne so niente, io sto a sentire quello che mi dicono, ma non faccio domande.*

Fare domande era dunque scomodo. Non ha ragione Mariani quando parla di omertà?

Ma c'è un'altra strada percorribile, sempre a proposito di questo episodio.

La Mazzucchelli afferma che Pagano non le consigliò apertamente di andarsene, ma glielo lasciò capire.

Non può darsi che abbia equivocato sul senso di quelle parole?

Non può darsi che Pagano le abbia invece detto che se aveva voglia di andarsene era liberissima di farlo?

Sia che le sue parole abbiano avuto un senso o l'altro, Pagano non ordina, ma si rimette interamente alla decisione della Mazzucchelli. La quale preferisce restare e Pagano non torna più sull'argomento.

Anche in questo secondo caso però vale la domanda: perché?

Forse perché Pagano aveva notato qualcosa nell'atteggiamento della Mazzucchelli, qualcosa che affiorava malgrado lei si sforzasse di non lasciarlo trasparire?

Qui è bene lasciare la parola a un testimone.

La Mazzucchelli abitava nello stabile di un cinema popolare. L'accompagnammo fin quasi sulla porta di casa, fugando decine di gatti. In quei giorni non desiderava essere lasciata sola: aveva paura.

Aveva paura.

A scriverlo, nel 1957, è Guglielmo Peirce, grande amico di Alfonso Gatto, nel suo libro *Pietà per i nostri carnefici*.

Ma di cosa poteva aver paura?

Poche righe dopo è lo stesso Peirce a fornirci una risposta indiretta ma chiarissima.

Alcune sere prima, durante una passeggiata che assieme avevamo fatta al Parco della Fiera, mi aveva parlato della morte di Persico. Mi disse che il critico fu trovato nel bagno con la testa incastrata fra il muro e il la-

vandino. Essa pensava che la polizia fascista lo avesse ammazzato. Pareva anzi convinta di questo, con una sorta di allarme nel cuore.

Dunque è possibile che Pagano abbia intuito l'allarme della Mazzucchelli e l'abbia voluta amichevolmente informare che se voleva cambiare aria lui non si sarebbe opposto.

Va detto subito che la Mazzucchelli non ha mai smentito le parole di Peirce.

Non è detto che non l'abbia fatto perché Peirce aveva scritto la verità, ma può avere taciuto per ragioni politiche. Peirce era stato comunista ma aveva abbandonato il partito iniziando a collaborare a riviste filofasciste quali "Il Borghese" ed era considerato un reietto. Poteva la Mazzucchelli, ora moglie di Argan, uno dei più stimati e in vista tra gli intellettuali comunisti, entrare in polemica con lui?

E poi Peirce, asserendo che Persico era stato ucciso dalla polizia fascista non ne infangava la memoria, tutt'altro.

Ma è importante notare che solo trent'anni dopo Peirce è il primo a sostenere pubblicamente la tesi dell'assassinio e non della morte per cause naturali.

Comunque la si voglia giudicare, la tesi di Peirce – ma sarebbe più giusto dire della Mazzucchelli – è la prima a spezzare il cerchio d'omertà.

Omertà dovuta alla paura.

È sempre Peirce a raccontare come dopo la “confessione” della Mazzucchelli lui stesso abbia provato paura. Se hanno ammazzato così un mite socialdemocratico, si domanda in quelle notti, cosa farebbero a me, comunista in attività di servizio clandestino, se mi prendessero?

Quindi la spiegazione dell’omertà sarebbe che, essendo circolata la voce che Persico era stato fatto fuori dalla polizia fascista, i suoi amici avrebbero avuto timore di restarne compromessi parlandone o ricordandone la memoria con troppa partecipazione.

Il che sarebbe plausibile, comprensibile.

Ma c’è un ma.

E il ma è che l’omertà, come afferma Mariani, continuò anche quarant’anni dopo la scomparsa di Persico, quando da un bel pezzo erano scomparsi anche tanto la polizia politica quanto il fascismo.

Nessuno, teoricamente, avrebbe dovuto avere più timore di persecuzioni, di ritorsioni, dicendo apertamente quello che sapeva sulle circostanze di quella morte.

E invece molti continuarono a mantenersi sul vago, sul detto e non detto.

Forse perché, l’omicidio, se omicidio vi fu, non venne commesso dalla polizia politica?

E chi sparse la voce che era stata la polizia lo fece perché era veramente convinto che le cose fossero andate così o lo disse per depistare, per coprire i veri autori dell’omicidio?

Sette
Le congetture di Mariani

L'ipotesi che la morte di Persico fosse avvenuta non per cause naturali, ma per mano della polizia politica, avanzata da Guglielmo Peirce che avrebbe riportato più che un sospetto, una certezza, della Mazzuchelli, cade per un certo tempo nel silenzio. La Mazzucchelli non smentisce né conferma, rimane in silenzio. Ma dietro quel silenzio, come abbiamo scritto, potrebbero esserci motivi politici.

A riprendere quell'ipotesi è, nel 1977, Riccardo Mariani, all'epoca docente di Storia dell'architettura a Firenze, che accetta in un primo momento in toto la tesi Peirce-Mazzucchelli dell'omicidio aggiungendo che, a parer suo, gli assassini sarebbero stati agenti dell'Ovra, l'organizzazione segreta poliziesca per la repressione dell'antifascismo, sorpresi in casa da Persico mentre stava rientrando.

Che si sia trattato di agenti della polizia politica o dell'Ovra, a mio parere è un'ipotesi che non mi sembra possa reggere considerando la libertà d'azione, spinta spesso e volentieri fino all'arbitrio, concessa agli agenti della polizia politica.

Se essi avessero avuto bisogno di compiere una perquisizione urgente nell'appartamento di Persico, non ci sarebbe stata nessuna necessità d'introdursi nottetempo come ladri, avevano poteri illimitati, avrebbero potuto farla in qualsiasi ora del giorno e della notte, qualificandosi a viso scoperto per quelli che erano.

E se per caso fossero stati scoperti durante una perquisizione in assenza di chi abitava nell'appartamento, l'avrebbero messo a tacere ammanettandolo o intimandogli, pena l'arresto, di mettersi da parte e avrebbero continuato indisturbati il loro lavoro.

Mariani stesso, a un certo momento, si rende conto che non possono essere stati quelli dell'Ovra.

L'afferma in un'intervista data, sempre nel 1977, all'architetto Maurizio di Puolo e da questi inserita nel catalogo della mostra su Persico che cura nel gennaio dell'anno dopo.

Non sono più tanto convinto che sia l'Ovra, o solo l'Ovra. E se qualcuno si fosse accorto dei suoi giochi? Non voglio parlare di amicizie particolari...

Ma intanto ne parla, introducendo un nuovo, e ancor più nebuloso, argomento, la possibilità che Persico fosse omosessuale, benché sposato e padre di figli.

In quest'ottica, l'intervento di Bardi presso le gerarchie fasciste a favore di Persico andrebbe letto diversamente, sarebbe stato cioè finalizzato a smentire le insinuazioni sulla sua omosessualità.

E quindi, per dirla chiara, si sarebbe trattato di un delitto passionale, dettato dalla gelosia di un amante respinto.

Il problema è che non esiste alcuna conferma di questa presunta omosessualità.

Il fatto che fosse stato accolto a braccia aperte dalla cerchia di Rosai non significa niente da questo punto di vista.

Luigi Cavallo, nel catalogo della mostra allestita da Elena Pontiggia, seria studiosa di Persico, afferma che: *Durante la visita a Firenze Persico conobbe i molti amici del pittore e pure il giovinetto, Valentino, "che in quei tempi era l'Antinoo di Rosai"* [Margherita Sarfatti]. *Così, quando di nuovo scrive al pittore (da Milano, 27 settembre) sembra di sentire qualche incrinatura sentimentale nelle parole di Persico: "Ma non scrivermi più una lettera che mi faccia arrossire: io sono un gran peccatore, e non mi convengono le lodi che meritate solo voi ... A rivederci, caro Ottone, riportami da Firenze il cuore, che vi ho lasciato"*.

Non credo che questa lettera dimostri alcunché, e se qualcosa vi si vuole trovare a tutti i costi a me sembrano parole cortesi con le quali si prega l'amico pittore di non toccare certi argomenti.

Altro argomento tirato in ballo è stato quello della "virile amicizia" con Dino Garrone, ma dalla lettura dell'epistolario non si può dedurre altro che una virile amicizia appunto.

Sempre per smentire l'ipotesi dell'omosessualità, si è fatto ricorso alle sue lettere indirizzate alla moglie e al fatto che fosse sempre circondato da donne adoranti.

Allora ci si domanda: in che cosa sarebbero consistiti i "giochi" cui allude Mariani e di cui qualcuno si sarebbe accorto?

Per capirci qualcosa, bisogna accuratamente leggere tra le righe di quell'intervista.

Riferendosi all'arresto di Persico avvenuto nel 1935, Mariani, dopo aver ricordato che il pittore Carlo Levi (col quale Persico era in rapporti di stretta amicizia) e tutto il gruppo torinese di "Giustizia e Libertà" (tra gli altri, Leone Ginzburg e Massimo Mila) erano andati a finire in carcere l'anno prima, aggiunge queste precise parole:

Persico viene arrestato anche lui, però viene rilasciato... stranamente.

Sassu fu arrestato, condannato a 10 anni, ma poi rilasciato subito...

Quell'anche sembra voler dire che Persico apparteneva a quel gruppo? Se è così, è bene chiarire subito che non vi apparteneva.

Mariani fa un po' di confusione tirando in ballo anche Riccardo Bauer che si trovava in carcere già dal 1930.

E poi: come fa Mariani a qualificare come strano il rilascio di Persico? Conosceva le accuse che gli erano state mosse? Sicuramente no.

E allora cosa ci trova di strano nel rilascio?

Poteva anche darsi che nel frattempo le ulteriori indagini avessero dimostrato l'erroneità delle accuse. E allora nel rilascio non ci sarebbe niente di strano.

Scrivendo quell'avverbio, "stranamente", Mariani, non so quanto involontariamente, finisce col sottintendere che sarebbe stato più logico continuare a tenerlo dentro.

Allora, inevitabile conseguenza che ne trae il lettore, il rilascio strano non può essere giustificato altrimenti che con la sopravvenuta collaborazione di Persico con la polizia.

E per avallare quest'idea formatasi nel lettore, Mariani accosta il nome di Aligi Sassu a quello di Persico.

Sassu venne arrestato un anno dopo la morte di Persico e il suo comportamento durante gli interrogatori non fu certo esemplare, fece dei nomi che non avrebbe dovuto fare e per questo fu scarcerato malgrado la condanna.

Quindi Persico, e questa sembra essere la conclusione di Mariani, si sarebbe convinto a fare il delatore dei suoi compagni, e qualcuno di essi, volendo scoprire la verità, ecc. ecc.

L'architetto Agnoldomenico Pica, a questo proposito, si è espresso senza mezzi termini: *È assolutamen-*

te falso che Persico fosse un informatore dell'Ovra. Era un antifascista non impegnato ma confesso e dichiarato nell'ambito privato.

E Cesare De Seta, nel suo libro *Il destino dell'architettura*, ha risposto anche lui duramente a questa ipotesi: *Ogni testimonianza sostiene che Persico era antifascista: sì, è vero – si è scritto – ma era anche una spia dell'Ovra e un delatore di compagni antifascisti; sono questi che, accortisi del doppio gioco, gli hanno voluto dare una "lezione" e per incidente l'hanno ammazzato. Non c'è un solo indizio concreto che convalidi una simile ipotesi, ma solo sensazioni, reticenze, ed altre di queste personalissime impressioni. Tutto è verosimile, perché tutto può essere accaduto, ma non si può condannare dinanzi al tribunale della storia un trapassato con fantasticherie da sceneggiato televisivo da quart'ordine.*

Il che è assolutamente condivisibile.

Resta però il fatto che, con buona pace di tutti, le sensazioni, le reticenze, e le personalissime impressioni, per usare le stesse parole di De Seta, ci sono state, eccome se ci sono state.

E una qualche ragione per averle fatte nascere e continuare ad esistere ci deve pur essere.

A dare man forte a De Seta, vale la pena citare una commossa testimonianza di Carlo Belli che all'epoca faceva parte di quel piccolo manipolo di giovanissimi fascisti che avrebbero voluto, secondo Giovanni Artieri, *spostare l'oscuro peso della dittatura con le leve dell'arte.*

Scrive Belli in un lungo articolo ripubblicato da Maurizio di Puolo nel catalogo già citato: *Persico, antifascista per temperamento, non poteva essere con noi, in quella folle impresa. Quando tentavo di convincerlo ad operare insieme ... mi guardava in silenzio, e i suoi occhi erano pieni di pietà verso di me; una pietà affettuosa, accorata, ed io, dopo un po', smettevo di parlare e restavo in silenzio a fissare il suo volto ... quel volto triste sul quale pareva si fosse appiccicata una sofferenza antica, inestirpabile ormai. ... E allora ero io che sentivo una grande pietà per lui.*

Vorrei fare solo un'osservazione.

Che Persico alle parole dell'amico non rispondeva con parole, che pure in lui erano facili, sapeva come usarle, non diceva che non poteva essere al loro fianco perché non aveva la stessa fede che loro avevano nel fascismo, anzi ne era ben lontano, no, si limitava a guardare l'amico rimanendo a tacere.

Allora mi domando se questo silenzio, in altri che non fosse Belli, che non fosse legato a Persico da una così profonda amicizia, non potesse ingenerare il sospetto di un'ambiguità di propositi.

Un'altra ardita congettura di Mariani, alla quale si è già accennato nel secondo capitolo, non sarebbe più la morte per mano di terzi, ma per mano propria.

Persico avrebbe avuto la percezione che, dopo gli arresti di Torino, sarebbe toccato a lui.

Lui sapeva di dover essere arrestato, l'aveva detto a un amico, gli aveva detto: "Pensa tu a mia moglie, se mi pigliano".

L'arresto previsto avviene. Ma, una volta rimesso in libertà, Persico capisce di non poter sopportare un nuovo arresto e ulteriori maltrattamenti fisici.

Allora non si attiene più alle cure prescritte per qualche malattia seria che tiene nascosta, si lascia andare, si lascia morire.

È un'ipotesi plausibile, solo che la morte sarebbe sopravvenuta meno di sei mesi dopo aver preso la decisione del suicidio.

Troppo poco tempo.

Se la morte per mancanza di cure fosse sopravvenuta in un periodo così breve, questo significherebbe che la malattia era arrivata ad uno stadio avanzatissimo ed è semplicemente assurdo che nessuna delle persone che quotidianamente lo frequentavano non se ne fosse accorta.

Mariani racconta che tutte le carte che Persico aveva in tasca al momento della morte sono state viste da lui.

Dice, in un altro momento dell'intervista, d'aver trovato persino il biglietto della famosa convocazione della Questura di Napoli che impedì a Persico d'essere presente all'inaugurazione della mostra dei Sei a Torino.

Possibile che, anche tra tutte le carte in possesso dei famigliari, non ci fosse una ricetta, il risultato di una visita medica?

Qualcuno ha detto, in una testimonianza anonima raccolta da Zevi, che Persico avrebbe tenuto nascosta la malattia per paura di perdere il posto e tornare ai terribili anni della povertà, della fame.

Non credo che Persico avesse questo fine. Torno a ripetere che semmai era la sua estrema eleganza interiore a impedirgli di parlarne.

Dunque per Mariani, che passa dall'omicidio politico a quello a sfondo omosessuale per concludere con il suicidio, la morte di Persico ha, sempre e comunque, il carattere di un evento tutt'altro che normale.

Molti, da Mucchi a Romano a Pica invece sono e restano di parere contrario. Non venne massacrato né dalla polizia né da altri, morì per un danno cardiaco.

Anzi, Caputo addirittura sostiene che *la morte di Persico, seppure molto precoce, non trovò tutti impreparati a causa delle sue non perfette condizioni di salute e del disordinato regime di vita che lo stesso conduceva...*

Otto
Gli arresti e i viaggi: veri o falsi?

Come si è già detto nei capitoli precedenti, la Commissione ministeriale che farà erogare nel dopoguerra la pensione privilegiata alla vedova di Persico, in quanto perseguitato politico, elenca due soli periodi di detenzione da lui subiti, il primo compreso tra la fine del 1924 e il gennaio del 1925 e il secondo tra l'estate e il novembre del 1935.

Neanche la Commissione, come risulta evidente, riesce a fornire le date esatte delle asserite detenzioni.

Del primo arresto si ha unica notizia attraverso una lettera di Persico a Gobetti nella quale egli lamenta che la detenzione, avvenuta a causa di un imprecisato "incidente politico", sia durata parecchio, "un numero inverosimile di giorni".

Naturalmente non esiste nessuna documentazione né sull'incidente, né sull'occasione che lo provocò, né sulla città dove avvenne, né sull'arresto, né sul carcere dove Persico fu "ristretto", per usare un termine burocratico-poliziesco.

Quindi tutto si basa solo su quel racconto di Persico. Che può essere tanto vero quanto fantasioso. Ma la Commissione ministeriale avrà fatto dei riscontri? Se li ha fatti, non credo che essi siano stati molto accurati, dare la pensione alla vedova era, in un certo senso, un atto comunque riparatorio.

Come si è già detto, manca inoltre ogni qualsiasi documentazione anche sull'arresto avvenuto nell'estate del 1935 e relativa traduzione a San Vittore. A sostenere che l'arresto c'era stato è la Veronesi, la quale collaborava a "Casabella".

Ma Pagano e la Mazzucchelli, cioè a dire il direttore e la segretaria di redazione della rivista, quell'arresto lo confermarono o no? Non si riesce a capire.

E poi come mai nessuno tra i suoi amici più intimi, sapendolo in carcere, e oltretutto in non buone condizioni di salute, si preoccupò di andare a trovarlo?

Se qualcuno avesse fatto richiesta di colloquio con il detenuto e la richiesta fosse stata respinta, la faccenda si sarebbe di certo risaputa, avrebbe sollevato un certo scalpore.

Malignamente, Bruno Zevi, molto critico sulla leggenda Persico ma non sulle sue idee, fa dire a un anonimo testimone che: *A San Vittore Persico è stato mesi con tutta la redazione di "Casabella", ma si tratta della via, non del carcere omonimo dove, con ogni probabilità, Persico non è mai stato.*

Sempre Zevi cita l'affermazione di un altro anonimo, il quale dice che sì, Persico venne fermato per qualche ora nel 1934, o 1935, perché la censura aveva bloccato un articolo di Lionello Venturi intitolato "Per un nuovo Milizia". Chiaritosi l'equivoco, e cioè che Venturi si riferiva al secentesco architetto Francesco Milizia e non alla Milizia fascista, Persico venne rilasciato.

Francamente, quest'ultima testimonianza ha il tono di una barzelletta antifascista.

È stato ripetutamente scritto che all'inaugurazione avvenuta nel gennaio 1929 della prima mostra a Torino del gruppo dei Sei, voluto da Persico, questi non poté essere presente perché convocato dalla Questura di Napoli per informazioni.

Ma anche di questa convocazione non rimane traccia. A parte la stranezza del procedimento, perché la Questura di Napoli, com'era del resto nella prassi usuale, avrebbe potuto benissimo delegare quella di Torino a domandare le informazioni che desiderava.

Non esistendo alcun documento, è lecito supporre che quella convocazione non ci sia mai stata e che si è trattato di una spiegazione avanzata da Persico ai suoi amici pittori per giustificare la sua imprevedibile assenza.

Assenza evidentemente dettata da un motivo assai serio, per obbligarlo a mancare a un appuntamento così importante e determinante per la sua attività artistica.

È da notare che il primo interessamento della polizia di Napoli per Persico risale al luglio del 1929 e che in questo rapporto non si fa minimamente cenno a quella richiesta di chiarimenti che ci sarebbe stata nel gennaio dello stesso anno.

E nemmeno se ne parla nell'informativa di due mesi dopo, cioè del settembre 1929, con la quale l'Alto Commissario di Napoli rende nota l'avvenuta perquisizione negativa sulla persona e nell'appartamento di Persico.

Ora, mettendo per un momento da parte i due arresti citati dalla Commissione, non è pensabile che degli altri fermi e delle altre richieste di chiarimenti non siano stati redatti verbali.

C'è un'eccezione, un rapporto di polizia che risale al 1923 e che è stato segnalato da Cesare De Seta.

Ma, tanto per fare un esempio, nel 1925 avrebbe tenuto un comizio in una piazza centrale di Napoli finito in un tafferuglio. In quell'occasione, Persico verrebbe percosso e arrestato. Sarebbe rimasto in carcere dal 13 al 15 febbraio. Dei documenti relativi, nemmeno l'ombra.

Le spiegazioni possibili sono due.

O che questi arresti non siano mai avvenuti, e che siano stati in realtà dei pretesti di Persico per svolgere altre attività servendosi della copertura dei finti arresti, oppure che i documenti che attestavano arresti e fermi di polizia sono stati fatti sparire.

Da chi e perché, è tutto da supporre.

I periodi nei quali l'attenzione della polizia si fa più occhiuta nei riguardi di Persico sono due: il 1929 e il 1935.

La pausa di cinque anni, che inizia poco dopo l'arrivo a Milano da Torino, è dovuta all'intervento di Pier Maria Bardi che aveva chiesto alle gerarchie fasciste una sorta di tregua per il suo protetto.

Ma quali argomentazioni Bardi si sarà fatto fornire da Persico per patrocinarne la difesa? Una difesa risultata tanto valida da ottenere un effetto immediato e positivo?

E, domanda tutt'altro che secondaria, Bardi si sarebbe in prima persona così pericolosamente esposto, addirittura con il fratello di Mussolini, se non avesse avuto in mano delle buone carte da giocare?

Non credo che sia bastata una blanda affermazione di simpatia né una dichiarazione di neutralità, l'imperativo di allora era "chi non è con noi è contro di noi".

Si chiedeva un impegno totale, assoluto, che Persico, oltretutto, non era in grado di dare perché i suoi scritti pubblicamente testimoniavano ben altri interessi.

Bardi si propone anche come garante di Persico. Tant'è vero che l'arresto del 1935 è reso possibile dalla sopravvenuta rottura di Persico con lui.

È un autentico rompicapo.

Ma se gli arresti sono invenzioni, quale sarebbe il movente di Persico?

La sua assenza al vernissage del gennaio del 1929 è troppo vistosa per non essere rimarcata. Sarebbe stato questo lo scopo di Persico? Farsi conoscere come un antifascista tenuto d'occhio dalla polizia?

Una mossa siffatta, dati i tempi, sarebbe stata perlomeno incauta, Persico ne avrebbe potuto ricevere più danni che guadagni.

A meno che la mossa non sia stata dettata da un'altra, e inconfessabile, finalità: quella di essere facilitato nel prendere contatto con gli ambienti antifascisti.

È un agire assai sospetto, da informatore dell'Ovra, ma non credo che Persico lo sia mai stato.

E d'altra parte il suo nome non compare – ma questa non sarebbe una novità – negli elenchi dei collaboratori segreti pubblicati dopo la caduta del regime.

Fatta eccezione della citata lettera a Gobetti, Persico a quanto pare o tace o risponde molto evasivamente alle domande degli amici sui fermi e gli arresti.

Questo lo rende, ai loro occhi, un uomo "misterioso" e "segreto". Sono aggettivi usati da Sartoris e Paulucci.

Ma non è una posa, un atteggiamento imposto, la riservatezza spinta all'eccesso faceva parte della sua natura. Lo testimonia, e a proposito di argomenti innocenti, l'architetto Sartoris che racconta come solo molto tempo dopo che Persico aveva preso a frequentarlo quasi quotidianamente a Torino apprese con un certo stupore che era sposato e che aveva anche un figlio.

Non resta quindi che la spiegazione della copertura.

Il problema allora si sposta sul cercare di capire cosa facesse Persico nei giorni nei quali sosteneva di essere stato rinchiuso nella camera di sicurezza di una Questura o nella cella di un carcere.

Svolgeva forse un compito che era conosciuto da pochissimi e ignorato persino dalla polizia politica?

È un'ipotesi un po' più ardita delle altre, ma pur sempre praticabile.

Però prima di approfondirla, sarà bene affrontare un'altra zona d'ombra: quella dei viaggi.

"Veniva dall'Europa", scrisse di lui Alfonso Gatto.

E se non si riferiva ai suoi viaggi, di certo alludeva all'ampio respiro europeo delle idee e degli ideali di Persico, alla sua visione quasi profetica dell'Europa come un unicum culturale.

Persico stesso amava di tanto in tanto accennare ai suoi viaggi. Accennare, non parlarne diffusamente.

Non esiste peraltro un parente o un amico che abbia ricevuto non dico una lettera, ma una semplice cartolina illustrata da una delle città europee e no dove diceva di essere stato.

Nelle varie abitazioni di Torino o di Milano nessuno ha mai notato un oggetto qualsiasi, un souvenir, un libro, una stampa, comprati in queste città.

È qualcosa di assai simile agli arresti.

Se questi viaggi sono veramente avvenuti, le tracce sono state accuratamente cancellate.

Nascono allora delle domande più che naturali: ma Persico ha mai avuto un passaporto?

Qualcuno dei suoi amici l'ha mai visto questo passaporto?

È stato ritrovato nel suo appartamento dopo la morte?

E se non è stato ritrovato, vuol dire che o non l'ha mai posseduto o che è stato sottratto.

Tutto questo ha convinto molti che questi viaggi non sono mai avvenuti, sono un prodotto della fantasia di Persico.

Non era d'altra parte più che risaputo che Persico aveva trascorso, e trascorreva, giornate intere nelle biblioteche pubbliche consultando anche le guide di città straniere? Anzi, più che consultandole, studiandosele, mandandole a memoria.

Dunque Persico sarebbe stato una sorta di viaggiatore sedentario, che sognava viaggi e incontri su quelle guide e poi spacciava i suoi sogni per realtà.

Scrive a questo proposito il critico e poeta Raffaele Carrieri: *Entrava nelle città attraverso le piante. Aveva una pianta di Berlino, una pianta di Stoccolma, una pianta di San Francisco di California. Percorreva col dito di nicotina il sottosuolo di New York sen-*

za sbagliare una stazione. Madison Avenue; 128, 129, 130° Strada; Cintura nera; Harlem. Al Sheba Palace il nipote dello zio Tom cantava la vecchia aria di un disco che avevamo sentito una sera a casa di Giolli... Broadway gli era più familiare del suo rione di Porta Vittoria.

Lo stesso Carrieri racconta che una sera gli parlò persino dell'America del Sud, dell'Argentina, del Brasile. *Avrebbe voluto rifare il piano regolatore del mondo*, conclude.

Secondo la Veronesi, Persico sarebbe stato in Francia, in Inghilterra e in Germania. Ma in quali periodi e per quali occasioni non è dato sapere.

Cerchiamo dei punti fermi. Persico conclude la ferma in Artiglieria il 10 ottobre 1922. Difficile che si sia potuto assentare da Napoli mentre era sotto le armi. Fino alla fine del 1922, come testimonia l'amico Carlo Curcio, non passa giorno che non si rechi alla Biblioteca Nazionale.

Ma nel 1923, a parte la pubblicazione del libro *La città degli uomini d'oggi* di Persico non si sa niente fino al dicembre dello stesso anno, quando scrive la sua prima lettera a Gobetti dove afferma che ha sentito parlare di lui al suo rientro in Italia.

Non può darsi che dica il vero?

Che il 1923 sia stato l'anno dei suoi viaggi almeno in Francia e in Germania?

Nove
Il mistero di Mosca

Ma il primo viaggio di Persico all'estero di cui si ha notizia da una terza persona, e non per sua sola dichiarazione, sarebbe stato quello effettuato in Jugoslavia. In una lettera del 31 gennaio 1924, Renato, il fratello di Persico, avverte Gobetti che Edoardo non potrà farsi vivo con lui, rispondendo alla lettera da Gobetti inviatagli, perché è assente dall'Italia, si trova *da un mese in Jugoslavia per studiare taluni problemi di Politica balcanica*. Successivamente, in una lettera datata 21 febbraio, Persico confermerà all'amico torinese d'aver fatto una *rapida corsa in Jugoslavia* senza però chiarirne il motivo.

Il viaggio, secondo la Veronesi, sarebbe avvenuto partendo da Abbazia dove allora abitava un fratello di Persico.

Quest'aspetto di studioso di geopolitica di Persico è assolutamente inedito e, a dir poco, sorprendente. Tanto che D'Orsi liquida drasticamente tutta la vicenda come un'invenzione di Persico, che si sarebbe giovato della complicità del fratello, per darsi importanza agli occhi di Gobetti. Tanto, a Gobetti, aveva già raccontato delle fandonie come quelle dei libri pubblicati all'estero e delle recensioni osannanti. Una in più, una in meno, non avrebbe portato squilibrio.

Ma chi l'avrebbe incaricato di quella missione? si domanda D'Orsi.

Chi gli avrebbe fornito il denaro necessario?

In effetti, sono domande più che sensate, dato che le sue condizioni economiche non gli avrebbero permesso un viaggio di piacere a sue spese e un soggiorno tanto prolungato.

Ma c'è un seguito. Che appare talmente inverosimile da poter avere molte probabilità d'essere vero.

In due lettere, una del 28 ottobre e l'altra del 19 dicembre 1924, Persico scrive a Gobetti d'aver sottoposto, ottenendone anche l'approvazione, un suo saggio politico sulla Piccola Intesa, risultato dei suoi viaggi e studi svolti in loco, nientedimeno che al ministro degli Esteri cecoslovacco, Edvard Beneš, che della Piccola Intesa era stato l'artefice e che aveva fatto una rapida visita in Italia. L'episodio appare a D'Orsi, e con ragione, *del tutto privo di verosimiglianza.*

Ma di questa totale mancanza di verosimiglianza non se ne sarebbe dovuto accorgere anche Gobetti? Perché lascia correre? Perché continua a mantenere rapporti con un bugiardo di questo calibro?

Oppure, per altre strade, Gobetti, che un isolato non era né uno sprovveduto, avrà avuto modo di sapere che qualcosa di vero in quello che gli scriveva Persico c'era?

Se quell'incontro c'è stato, chi ha fatto sì che Persico, a tutti sconosciuto nell'ambiente diplomatico, potesse ottenere un colloquio non certo brevissimo con un uomo tanto importante e inoltre con così poco tempo a disposizione? Oppure Persico non era, come si credeva, del tutto sconosciuto in quell'ambiente? Non può darsi che qualcuno col quale Persico era in contatto avesse l'autorità necessaria per procurargli l'incontro? Si tratta di quello stesso qualcuno che nel novembre del 1924 gli avrebbe fatto fare un viaggio prima a Roma e poi a Brindisi incaricandolo di una missione presso un notabile albanese?

Sempre nel 1924, che appare sotto questo profilo un anno cruciale, ci sarebbe stata la missione a Mosca.

Sulla quale c'è una totale diversità d'opinioni tra la Veronesi e la Mazzucchelli. Quest'ultima infatti è assolutamente convinta che si sia trattato di un caso di omonimia. L'*Annuario diplomatico del Regno d'Italia*, aggiornato a tutto il 1926, reca infatti il nome di un Persico Giovanni, nato a Napoli nel 1888, segretario di Legazione a Mosca dal 31 marzo 1924 all'8 maggio 1925. Quindi, a stare all'*Annuario*, la Mazzuchelli avrebbe perfettamente ragione.

Ma ci si mette di mezzo l'ex diplomatico Joseph Pevsner a complicare le cose.

Procediamo con ordine.

Anzitutto cerchiamo di stabilire, con una certa approssimazione, in che periodo Persico avrebbe potuto recarsi a Mosca. Proviamo a desumerlo confrontando le date certe della sua presenza in Italia nel 1924.

Fino ai primi di marzo, di ritorno dal viaggio jugoslavo, è di sicuro a Napoli. A quella data tiene un comizio che finisce al solito modo. Da metà marzo fino a metà giugno non si hanno notizie di sue attività in Italia. Poi ricompare e fa un breve viaggio a Foggia.

Dunque avrebbe avuto tre mesi "liberi" per la missione a Mosca.

Quindi in quel periodo, presso la nostra ambasciata, ci sarebbero stati in servizio due Persico, Giovanni ed Edoardo.

Attenzione però ad una coincidenza importante. Giovanni Persico arriva a Mosca il 31 marzo col grado di secondo segretario di Legazione, ma diventa primo segretario il 25 luglio dello stesso anno.

Non può essere che il primo segretario, almeno nominalmente, fosse Edoardo e che Giovanni sia stato nominato al suo posto poco dopo che egli ha lasciato Mosca?

Ma allora perché nell'*Annuario* non risulta anche il nome di Edoardo?

Per ora, meglio continuare il racconto dei fatti.

La Veronesi, nel suo volume *Difficoltà politiche dell'architettura in Italia 1920-1940*, dopo aver ricordato che *un mistero circondava quel volto chiaro, un segreto si leggeva nel fondo di quegli occhi smaglianti*, e dopo avere affermato che Persico *sostò a Parigi e vi rimase alcuni anni svolgendovi un'intensa attività di lavoro nella maggiore agenzia giornalistica internazionale ... e che dovette in quel tempo maturarsi all'attività politica e diplomatica*, passa a raccontare l'episodio capitato poco dopo la morte di Persico e che servirebbe a comprovare in modo inequivocabile la sua presenza a Mosca.

Ma non si può non rilevare l'assurdità dell'affermazione che Persico sarebbe vissuto a Parigi addirittura alcuni anni! Quali anni? Basta scorrere una sua qualsiasi biografia per rendersi conto che i soggiorni all'estero avrebbero potuto essere di alcuni mesi al massimo.

Andiamo avanti col racconto della Veronesi.

Una sera, in casa di Raffaello Giolli, lei e altri amici stanno parlando, ancora commossi, della recente morte di Persico, quando un ospite, un russo, incuriosito, vuole sapere di più su di lui.

Il russo si chiamava Joseph Pevsner ed era un uomo colto e intelligente che era stato addetto dell'ambasciata sovietica a Roma. Richiamato in patria, non era voluto tornarvi ed era rimasto in Italia andando ad abitare a Milano dove aveva aperto una piccola libreria. Prima di essere mandato in Italia era stato caporedattore di un importante quotidiano e si era trovato a fianco con Lenin e con altri capi della Rivoluzione sovietica.

Via via che gli amici gli parlano di Persico, la sua curiosità sembra maggiormente accrescersi.

"Com'era?" domanda a un tratto.

Allora Rosa Giolli va a prendere una foto di Persico e gliela mostra.

"È lui", disse. "Lo sapevo. L'ho conosciuto a Mosca nel 1924, a un ricevimento ufficiale offerto da lui stesso personalmente alle Legazioni straniere nella sede dell'Ambasciata italiana. Era il segretario dell'Ambasciatore. Se ne parlava, a Mosca, come del più giovane, del più brillante, del più straordinario diplomatico che avessimo mai conosciuto: quasi un fanciullo. Gli si preconizzava un'ascesa rapidissima; ma un giorno all'improvviso disparve, non se ne seppe mai più nulla. Ed ecco, era qui."

Ma anche Persico sapeva che Pevsner era lì, a Milano.

E la cosa non doveva fargli piacere.

Infatti la Veronesi poi ebbe modo di ricordare come Persico non fosse mai stato presente in casa Giolli quando vi era stata preannunziata una visita di Pevsner. Con tutta evidenza non lo voleva incontrare.

Una volta fu addirittura esplicito. Mi rifaccio ancora allo scritto della Veronesi.

Una sera lei si reca con delle amiche all'Unione femminile per ascoltare una conferenza di Raffaello Giolli. Trova posto accanto a Pevsner.

La conferenza si conclude con un contraddittorio animato da Persico che siede in prima fila, lontano dalla Veronesi.

Alla fine, e solo dopo che il russo se ne è andato, Persico s'avvicina alla Veronesi e alle sue amiche e raccomanda loro, con una certa severità, di stare bene attente con chi parlano, soprattutto se si tratta di politica.

La Veronesi ribatte che quell'uomo era un comunista, sia pure dissidente, una persona d'assoluta affidabilità e che comunque Persico non poteva parlare così di uno che non conosceva. Allora Persico pronunziò una frase oscura.

"L'ho conosciuto", disse. "Tanto tempo fa ho avuto occasione di conoscerlo."

Se prendiamo per buona l'agnizione di Pevsner dobbiamo fare due necessarie osservazioni.

La prima è che un segretario dell'Ambasciatore assai difficilmente avrebbe potuto dare in prima persona un ricevimento ufficiale in onore delle altre Legazioni.

Con tutta probabilità Pevsner avrà detto primo segretario d'Ambasciata e la Veronesi avrà equivocato.

La seconda è che non c'è ombra di dubbio che Pevsner parli di Edoardo e non di Giovanni Persico. Quest'ultimo aveva, nel 1924, trentasei anni e non poteva certo essere definito "un fanciullo".

Non credo, come la Veronesi e la Mazzucchelli dichiarano, che Persico abbia intrapreso la carriera diplomatica e poi l'abbia abbandonata. Non era facile, soprattutto a quei tempi, entrare in diplomazia. Bisognava partecipare a dei concorsi molto selettivi e vincerli. E Persico aveva un grosso handicap: non era laureato.

Credo piuttosto che abbia ricevuto degli incarichi temporanei, e magari a Mosca gli sarà stato dato quel grado per accreditarlo formalmente presso gli ambienti diplomatici.

Era una cosa che talvolta capitava: del resto lo stesso Pevsner non era stato un giornalista prima di diventare addetto all'Ambasciata di Roma?

Ora c'è da notare, stando sempre al racconto di Pevsner, che Persico nel breve periodo di permanenza a Mosca avrebbe fatto di tutto per mettersi in mostra il più possibile e in un lasso di tempo molto ristretto. È, insomma, una sorta di specchietto per le allodole.

Tant'è vero che la sua improvvisa scomparsa dalla scena stupisce e in tanti se ne chiedono il perché.

Non penso che ci sia altra ragione se non quella d'aver portato a termine il compito che gli era stato affidato e quindi egli non aveva più motivo di fermarsi ancora.

Oppure dovette succedere qualcosa d'imprevisto che lo convinse ad abbandonare di colpo quello che stava facendo?

È essenziale ricordare che nei primissimi anni della presa del potere da parte di Mussolini, la nostra diplomazia guardava a Mosca con particolare attenzione nel tentativo forse di una *captatio benevolentiae* che molto avrebbe giovato al fascismo sul piano internazionale.

Posso portare una testimonianza diretta. Tra i libri di mio padre c'era un volumetto dalla copertina tutta rossa che aveva per titolo *Novelle bolsceviche* e la cosa più sorprendente consisteva nel fatto che il volumetto era stato pubblicato nel 1925 dalle edizioni del "Popolo d'Italia", il quotidiano diretto da Mussolini.

Sicuramente tra gli autori c'erano Babel' e Bulgakov e l'entusiastica prefazione era firmata da Duilio Susmel, fascista se altri mai ve ne fu, collaboratore del "Popolo d'Italia" e curatore ufficiale dell'opera omnia mussoliniana.

E varrà la pena di ricordare che in uno dei primi numeri de "L'Universale" Berto Ricci scriveva che la vera nemica di Roma non era Mosca, ma Chicago, "la città dei maiali".

E che Dino Garrone, fino all'ultimo minuto, fu indeciso se espatriare a Parigi o a Mosca.

(E qui sono costretto a fermarmi. Ho percorso tutto il labirinto e mi ci trovo ancora intrappolato dentro. Non mi è stato possibile dare una risposta certa nemmeno a una delle tante domande, perché ogni risposta ipotizzata apriva altri piccoli labirinti che conducevano ognuno ad altre domande.

Se dovessi insomma disegnare i percorsi fatti non ne verrebbe fuori la pianta di un labirinto, ma una serie di ghirigori ora sovrapposti ora a se stanti non dettati da una necessità geometrica.

Allora provo io a fare una mappa possibile. Che ha l'unico merito di intrecciare diversamente, attraverso l'invenzione narrativa, tutti i percorsi sin qui fatti ma tenendoli sempre in filigrana.)

Dieci
Appunti per un romanzo (1)

Con la resa della Germania, l'11 novembre 1918, si conclude il conflitto mondiale.

In Italia, pur tra gli scombussolamenti sociali, politici ed economici del dopoguerra, tra gli inevitabili e drastici cambiamenti nei vari apparati statali, si procede anche al riassetto dei servizi segreti.

Ora non servono più esperti militari che sappiano intercettare e decrittare i piani strategici dello Stato Maggiore nemico, occorrono piuttosto intelligenze speculative, capaci d'interpretare le intenzioni diplomatiche di alleati e di avversari e magari di orientarle con molta accortezza a favore dell'interesse nazionale.

Lo stesso ordinamento interno dei servizi, che ha visto finora, dal vertice alla base, quasi esclusivamente l'impiego di militari, subisce un radicale mutamento.

Il nuovo capo, un ex Prefetto, Armando Ambrosini, riserva largo spazio ad elementi civili e s'appresta a fare un uso tanto sistematico quanto assai discreto dei cosiddetti avventizi.

Gli avventizi sarebbero coloro che, senza entrare stabilmente nei ranghi dei servizi, si presterebbero a compiere missioni isolate, limitate nel tempo e in genere non rischiose, retribuite di volta in volta.

Il nuovo capo sa bene che così operano, e da gran tempo, i servizi inglesi e francesi che non hanno esitato a reclutare, in nome dello spirito patrio, anche figure di primo piano nei vari campi della cultura e della scienza.

Un esempio rimasto famoso è quello dello scrittore Somerset Maugham, al quale venne affidata dai servizi inglesi una missione segreta in Russia nel 1917. Ma anche di qualche scrittore francese si è detto che non aveva disdegnato incarichi di questo tipo.

Però Ambrosini ha una sua precisa opinione in proposito. Non intende avvalersi di personaggi noti come scienziati o romanzieri perché pensa che essi, a causa della loro notorietà, vengano bruciati dopo aver portato a compimento al massimo due missioni, mentre egli desidera avere invece a disposizione degli anonimi che, una volta specializzatisi in un particolare campo, possano essere impiegati più volte.

Naturalmente questi anonimi devono avere particolari requisiti, intelligenza, prontezza nell'apprendimento, capacità di decisioni autonome, un certo grado di cultura, una buona presentabilità, la conoscenza di qualche lingua straniera, meglio di tutti la francese, che è la lingua della diplomazia internazionale.

Quindi si mette all'opera per effettuare un censimento molto riservato, rivolgendosi in via estremamente confidenziale sia alle Università sia alle Forze armate.

La guerra ha falcidiato la gioventù, le segnalazioni più interessanti che gli pervengono sono tutte di giovani ventenni o poco meno.

Inutile tentare il coinvolgimento di gente un poco più anziana, si tratta quasi sempre di reduci troppo provati dalla guerra.

Quindi Ambrosini decide di scegliere personalmente dieci giovani tra una cinquantina di, diciamo così, finalisti. Anche perché non si sa se questi prescelti accetteranno l'offerta che verrà loro fatta, la selezione infatti è avvenuta a loro insaputa, basandosi sulle singole note caratteristiche.

Edoardo, come risulta dalla lunga e circostanziata informativa che Ambrosini sta esaminando con molta attenzione, attualmente, febbraio 1921, presta servizio in Artiglieria, ha il grado di caporale ed è distaccato presso gli uffici del Comando perché, essendo uno studente universitario in Legge, è in grado di svolgere lavori di concetto.

Il suo diretto superiore, un capitano, che deve essere un uomo intelligente, ne ha fatto un ritratto dettagliato e penetrante, anche dal punto di vista psicologico.

Scrive che il giovane è dotato di un'intelligenza fuori dal comune, che è molto colto per la sua età, che ha una rara capacità d'apprendimento, che ha molti interessi soprattutto nel campo della letteratura e dell'arte.

Sottolinea che Edoardo, pur essendo un cattolico non solo praticante ma con una certa vocazione ad un'idea un po' troppo totalizzante della Chiesa, pur tuttavia milita non in un partito cattolico, come sarebbe logico, ma nel partito socialista democratico per conto del quale ha tenuto molti comizi.

È uno spirito inquieto e irrequieto, forse un eccesso di speculazione lo porta ad essere sempre insoddisfatto di ciò che fa.

È ambizioso, di certo Napoli gli sta stretta, necessita di orizzonti più vasti.

Precisa infine che il giovane, che passa le ore libere dal servizio a leggere e a studiare, ha manifestato l'intenzione di non proseguire negli studi universitari in Legge, benché abbia già dato 13 esami. Si ignora se intenda iscriversi ad altra facoltà o voglia abbandonare il proposito di prendersi una laurea.

Ambrosini conclude che forse è meglio incontrare di persona questo giovane al più presto, ha l'impressione che il momento sia proprio quello giusto, che Edoardo stia chiaramente attraversando un periodo di crisi che lo rende più recettivo.

E siccome gli sono stati segnalati altri due giovani napoletani, decide di partire per quella città.

Edoardo, una mattina che è passato di poco mezzogiorno, mentre è alla sua scrivania intento a lavorare, viene chiamato a rapporto dal Colonnello.

Non è una cosa usuale ed Edoardo se ne sorprende.

Quando viene fatto entrare nell'ufficio del Colonnello, vede che seduto davanti alla scrivania c'è un signore cinquantenne, di media statura, ben vestito, espressione cordiale.

Edoardo se ne sta impalato sull'attenti. Il Colonnello allora fa una cosa che lo stupisce. Lo presenta al signore cinquantenne, che gli stringe calorosamente la mano e gli sorride.

Poi il Colonnello dice ad Edoardo che da quel momento è libero dal servizio, che si metta a disposizione del dottor Ambrosini.

Quindi il Colonnello saluta con deferenza Ambrosini, il quale prende sottobraccio Edoardo letteralmente intontito, e, appena fuori dall'ufficio gli fa una proposta:

"Conosce un posto tranquillo dove si mangi bene?"

Ambrosini è un uomo che ispira fiducia. E perciò, fin dal primo momento, ha giocato con Edoardo a carte scoperte.

Si è qualificato per quello che è, gli ha spiegato il motivo per cui ha voluto incontrarlo.

Se accetta, dovrà per prima cosa fare un po' di scuola. Gli verranno impartite lezioni private di storia e di attualità politica internazionale, soprattutto.

Queste lezioni avranno luogo sempre a Napoli, e non continuativamente per non dare nell'occhio; i docenti, che vengono da Roma, avvertiranno il Comando che darà un giorno di libertà ad Edoardo.

Insomma, lui dovrà continuare a fare la vita che fa tutti i giorni, sia da militare sia quando sarà congedato, gli incontri d'istruzione interferiranno pochissimo nel suo andazzo quotidiano.

Inoltre deve perfezionare il tedesco che ha studiato a scuola ed esercitarsi molto nel francese.

È una meravigliosa occasione per viaggiare e conoscere il mondo, sottolinea Ambrosini sapendo di toccare un punto debole.

Quando sarà giudicato in grado di affrontare la prima missione, Edoardo verrà avvertito a tempo, in modo che possa assentarsi senza destare curiosità nei famigliari e negli amici.

Sono missioni di tipo diplomatico, ci tiene a precisare Ambrosini, che però non possono essere affidate ai diplomatici perché automaticamente diventerebbero atti ufficiali del Governo italiano.

Mentre esse devono, almeno inizialmente, svolgersi in gran segreto e in condizioni di poter essere smentite in qualsiasi momento dal Governo come da esso non autorizzate.

È sottinteso che per questo periodo d'addestramento Edoardo riceverà un piccolo compenso forfettario, poi di volta in volta sarà pagato a missione, a seconda dell'importanza della stessa e dei risultati ottenuti. Edoardo è libero di accettare o di rifiutare una missione.

E in qualsiasi momento può, se lo vuole, tagliare i rapporti con i Servizi, purché, naturalmente, non parli con nessuno di questa sua attività.

Ha una settimana di tempo per pensarci su. Da questo momento in poi loro due non s'incontreranno mai più. Edoardo faccia sapere la sua decisione al Colonnello.

Si salutano molto cordialmente. Ambrosini dice, sorridendogli:

"Ho l'impressione che potrò contare su di lei".

Edoardo ricambia, impacciato, il sorriso.

Ma prima che la settimana abbia termine, Edoardo si mette a rapporto e comunica al Colonnello di avere accettato la proposta di Ambrosini.

Nell'ottobre del 1922 la ferma di Edoardo ha termine. I suoi istruttori hanno inviato rapporti entusiastici ad Ambrosini, la sua affidabilità è totale, la sua capacità intuitiva di afferrare una situazione anche intricata e di scioglierla individuandone i punti di minore resistenza è sorprendente.

Ritengono che già dal gennaio 1923 l'avventizio possa essere pienamente operativo.

Intanto Edoardo impiega il suo tempo libero nella Biblioteca Nazionale, dove legge di tutto, letteratura e teologia, ma anche libri di politica internazionale.

Ambrosini, munendolo di credenziali giornalistiche, lo spedisce a Parigi dove lo fa assumere in un'agenzia internazionale d'informazioni che serve la stampa di tutto il mondo.

Lo scopo di Ambrosini è duplice: quello di rodare Edoardo al di fuori dei confini nazionali e nello stesso tempo di sperimentare sul campo la sua capacità di raccogliere notizie riservate circa gli umori francesi davanti alla situazione che si è venuta a creare in Europa coi nuovi assetti territoriali.

Dei quali si chiede già da più parti una revisione, e in questo senso c'è una grande effervescenza nelle cancellerie.

Edoardo ha così modo di scoprire Parigi. La sua tessera di giornalista gli consente di avere accessi privilegiati.

Visita i musei, va alle mostre, si reca a vedere spettacoli teatrali e manifestazioni d'arte con lo stesso impegno col quale, a Napoli, trascorreva il suo tempo libero alla Biblioteca Nazionale.

La sera, quando torna nell'alberguccio modesto ma al centro di una via di pittori e di letterati, stenta a prendere sonno, ha bisogno di far decantare le intense emozioni provate.

In quei giorni ha ricevuto una rivelazione, ha capito quale sarà il suo vero interesse nella vita.

Ripiglia in mano un suo romanzo, *La città degli uomini d'oggi*, una sorta di romanzo-saggio di forte connotazione cattolico-integralista e lo manda all'editore Quattrini di Firenze.

È un editore a pagamento che glielo stampa in quattro e quattr'otto.

Intanto le note informative che invia ai Servizi, oltre ad essere esaustive, di tanto in tanto contengono un rispettoso suggerimento, un discreto consiglio, una piccola proposta, sempre sotto il segno dell'acutezza e dell'intelligenza.

Ambrosini è molto contento del lavoro del suo avventizio.

Tanto da incaricarlo di una missione che propriamente diplomatica non è.

Si tratta di andare a Berlino con un passaporto falso, scendere nell'albergo indicato, durante il giorno andare in giro per la città come un turista qualsiasi, ma alle 18 in punto entrare nel caffè di cui gli viene fornito nome e indirizzo, sedersi a un tavolo, ordinare una birra o quello che vuole, aspettare che arrivi un signore, il cui nome è Carlo, il quale, fingendo di essere un suo grande amico sorpreso della sua presenza a Berlino, lo inviterà ad andare a cena con lui.

Invece, appena fuori dal locale, Carlo gli consegnerà una voluminosa busta. Edoardo allora deve prendere il primo treno per Parigi e tornare al suo albergo. Dove troverà ad attenderlo l'emissario che gli ha portato le istruzioni e il passaporto: è a lui che consegnerà la busta.

Può darsi che al primo appuntamento Carlo non si presenti. Edoardo allora ritornerà al caffè nei due giorni consecutivi sempre all'orario concordato. Se Carlo non si farà vedere nemmeno la terza volta, Edoardo dovrà rientrare immediatamente in Francia.

Per prepararsi degnamente alla missione, Edoardo si mette a studiare le guide di Berlino e segna i suoi percorsi su una carta topografica della città.

Undici
Appunti per un romanzo (2)

La missione a Berlino ha successo. Una seconda missione, quasi identica alla prima, ma molto meno complicata, lo porta per tre giorni a Madrid.

Edoardo esce dall'albergo la mattina alle sette e vi rientra a mezzanotte, fa una sorta di full immersion nei musei, nelle mostre e nell'aria di quella capitale.

Sempre di più Edoardo prende coscienza del suo essere europeo.

Poi Ambrosini lo richiama da Parigi per fine missione. Edoardo rientra a malincuore.

Ambrosini è assai soddisfatto di lui, gli comunica che ha superato oltre ogni aspettativa la prova di rodaggio e che con molta probabilità avrà bisogno nuovamente di fargli fare un altro viaggio.

Edoardo, che ha riportato in patria il manoscritto di un romanzo, *Il porto lontano*, febbrilmente scritto in un mese e mezzo nelle notti parigine, lo invia a Piero Gobetti perché glielo pubblichi.

Alla lettera sono accluse false recensioni elogiative dei libri che avrebbe pubblicato all'estero. Vuole essere subito preso in considerazione da Gobetti, vuole diventare un romanziere stampato da un editore dai gusti difficili.

Gobetti non gli pubblicherà il romanzo, anche dopo averlo annunziato, anzi glielo stroncherà impietosamente, ma tra i due s'instaura un intenso rapporto epistolare che comincia a lasciar intravedere la possibilità che Edoardo collabori tanto a "La Rivoluzione Liberale", quanto a "Il Baretti", un'altra rivista che Gobetti ha in mente di editare.

Però Ambrosini ha nuovamente bisogno di lui.

Stavolta lo spedisce in Jugoslavia con un compito completamente diverso dal primo e assai delicato.

Viaggerà sotto un altro nome, con un passaporto fornito dai Servizi, e figurerà come un giornalista incaricato da una grossa casa editrice di scrivere un libro per una collana di politica che si occupa dei nuovi assetti internazionali.

In realtà si tratta di prendere contatto con i rappresentanti delle varie nazionalità che compongono la Jugoslavia e orientare in senso filoitaliano la loro partecipazione alla Piccola Intesa, cioè l'alleanza tra Romania, Cecoslovacchia e Jugoslavia, promossa dal ministro degli Esteri cecoslovacco, Edvard Beneš, allo scopo d'impedire la revisione dei trattati di pace a favore, tra l'altro, dell'Ungheria.

La relazione che Edoardo, dopo un mese di soggiorno in Jugoslavia, consegna ai Servizi è di tal peso che Ambrosini, dopo aver fatto fare qualche opportuno ritocco all'autore, la fa pervenire al Ministero degli Esteri.

Essa riveste una particolare importanza per l'analisi delle tensioni sopite ma non represse che intercorrono tra le varie nazionalità che compongono quello Stato.

La relazione viene sottoposta a Beneš durante il suo viaggio in Italia e questi la trova equilibrata e degna di considerazione. Di ciò Edoardo, compiacendosene, dà notizia a Gobetti.

Subito dopo Edoardo è costretto a recarsi a Roma e restarvi per qualche giorno.

Durante la sua permanenza in Jugoslavia ha stretto amicizia con un importante notabile albanese che è riuscito a convincere a fare un'azione politica che potrebbe portare a capo del governo un uomo di dichiarata propensione filoitaliana.

Il notabile ora ha raggiunto Roma, è venuto a chiedere il sostegno anche finanziario del governo italiano, ma vuole trattare solo in presenza di Edoardo di cui si fida.

Concluso anche quest'altro compito, Edoardo finalmente spera di avere davanti a sé un periodo libero da impegni con Ambrosini per dedicarsi meglio alla collaborazione letteraria con le riviste di Gobetti. Ci tiene molto.

Ma ai primi di febbraio del 1924 Edoardo riceve a Napoli un'imprevista visita di Ambrosini. Vanno a pranzo nello stesso ristorante dove si sono parlati per la prima volta.

Adesso è li per proporgli una lunga missione nientedimeno che a Mosca, che dovrebbe durare suppergiù dalla seconda metà di marzo sino alla fine di giugno.

Viaggerà con passaporto diplomatico e userà il suo vero nome. Il Ministero degli Esteri l'accrediterà come primo segretario di Legazione, ma che non si preoccupi, non avrà compiti specifici da svolgere all'interno dell'ambasciata, a fare anche il suo lavoro d'ufficio sarà il secondo segretario.

"A proposito, le devo dire di una coincidenza buffa, questo secondo segretario ha lo stesso suo cognome, si chiama Giovanni ed è di Napoli. Un suo parente?"

"No", dice Edoardo.

"Meglio così."

"Che dovrei fare?"

"Lei deve interpretare un personaggio", risponde Ambrosini.

"Ma io non sono un attore!"

"Non avrà bisogno di sforzarsi molto per entrare nella parte. Vedrà. Lei dev'essere un giovanissimo diplomatico, spregiudicato, poco attento alle regole, affabile con tutti, brillante e dalla parola facile e persuasiva. Dovrà essere un affascinante divulgatore della nostra cultura, della nostra arte. Si deve subito mettere in vista, dia frequenti ricevimenti dove inviterà soprattutto giornalisti e artisti. Deve conquistarsi la fiducia di coloro che incontra, deve fare in modo che con lei parlino liberamente, senza paure e senza remore."

Edoardo sa bene che molti dei tratti del personaggio che Ambrosini sta disegnando corrispondono ai suoi.

"Ma quale sarebbe lo scopo?"

"Gli scopi", lo corregge l'altro. "Il primo sarebbe quello di creare una certa simpatia, nell'opinione pubblica che conta, nei riguardi del Governo italiano. Il secondo sarebbe sapere come realmente la pensano gli intellettuali russi nei riguardi della politica culturale ed economica dei Soviet. Il terzo sarebbe quello di riuscire ad avere un quadro preciso delle varie posizioni politiche che attualmente si contrappongono, sotto un'apparente unità, all'interno del partito di Lenin. Saperne di più, attraverso le parole di gente che non fa parte degli apparati statali o di partito, sarebbe molto importante. Le basta?"

"Ma questa sarà allora una missione ufficiale?"

"No. Dovrà apparire ufficiale solo per i russi e per i membri delle ambasciate straniere, ma in Italia deve restare segreta."

"Allora c'è un problema. Attualmente sono in corrispondenza con Gobetti e con altri politici. Come faccio a giustificare un improvviso silenzio di più di tre mesi?"

"Ma lei non è mai andato a Mosca! È rimasto sempre a Napoli!"

Ambrosini ride a vedere l'espressione perplessa di Edoardo.

"Le lettere indirizzate a lei saranno intercettate da noi e le verranno mandate a Mosca per corriere diplomatico. Lei risponderà come se si trovasse in Italia a casa sua, invierà le lettere a noi e noi provvederemo a farle imbucare da Napoli. E il timbro postale attesterà che lei non si è mai mosso."

A Mosca Edoardo si rivela un ottimo attore.

In brevissimo tempo si fa una quantità d'amici. E i compiti che gli sono stati affidati li svolge con la solita intelligenza.

Ormai è diventato una presenza indispensabile nella vita culturale e di società della capitale russa.

Senonché capita qualcosa d'imprevedibile.

La mattina del 13 giugno, Edoardo non si presenta al lavoro all'ambasciata. Malgrado non sia mai successo, non se ne preoccupano, cominciano a impensierirsi e a darsi da fare quando non lo vedono neppure il pomeriggio.

Allora qualcuno viene mandato nell'albergo dove abita per vedere cos'è successo.

E si scopre così che, senza avvertire nessuno, Edoardo ha preso un treno, il pomeriggio del giorno prima, per tornarsene in Italia.

Allarmato, l'ambasciatore comunica la notizia al

Ministero degli Esteri, il Ministero degli Esteri, allarmatissimo, la comunica ad Ambrosini.

Il quale consiglia di non fare passi falsi, come informare la polizia, che l'Ambasciata consideri regolarmente conclusa la missione di Edoardo. Al resto, penserà lui.

È più che certo che Edoardo, prima o poi, gli darà conto del suo modo d'agire.

E infatti dopo pochi giorni Edoardo si mette in contatto con lui, gli chiede un incontro urgente.

L'uomo che Ambrosini si trova davanti non è lo stesso di quello che ha incontrato prima della missione moscovita.

È trascurato, ha la barba incolta, le occhiaie.

Ma Ambrosini, che sa valutare le persone a colpo d'occhio, capisce subito che non si tratta di una malattia, ma di qualcosa di simile a una devastante sofferenza interiore.

Edoardo posa sul tavolo una busta.

"Qua dentro c'è il passaporto diplomatico e le altre carte. Non intendo mai più avere a che fare con voi."

Ambrosini non batte ciglio.

"Va bene", dice.

Estrae da un cassetto due buste gialle rigonfie. Le porge ad Edoardo che non le prende.

"Questa contiene la sua corrispondenza personale che le era stata inviata a Mosca e che ci è ritornata", specifica Ambrosini.

Edoardo intasca la busta.

"E qui c'è quanto le spetta per la sua missione a Mosca."

"I vostri soldi non li voglio. Buongiorno", ribatte Edoardo.

E fa per andarsene.

Lo blocca, sulla porta, una domanda di Ambrosini che è come una pugnalata.

"Ma lei non lo sapeva quello che faceva?"

Edoardo si volta a guardarlo. È pallidissimo.

"Lo sapevo, ma confusamente. Quando a Mosca mi hanno detto che Matteotti era stato assassinato il 10 giugno e che il mio amico Gobetti era stato percosso, sono stato investito, travolto dalla verità. Mi ero messo al servizio di un assassino."

"Se questo può in parte aiutarla, le ricordo che lei è stato reclutato dalla nostra organizzazione prima che il fascismo prendesse il potere."

"La ringrazio, ma non aiuta. Anzi. Sottolinea la mia incoscienza, la mia stupidità. Avrei dovuto non collaborare già dal 28 ottobre del 1922."

Appena rientrato in Italia e prima ancora d'incontrare Ambrosini, Edoardo ha mandato un vibrante telegramma di solidarietà a Gobetti, "unico uomo vivo".

Ma all'amico dovrà anche dare una spiegazione. È successo che la corrispondenza recapitatagli a Mosca non è stato più possibile fargliela pervenire prima per la sua fuga dall'Ambasciata e poi perché Edoardo, avanti di ripresentarsi ad Ambrosini, ha latitato per qualche settimana nel timore di rappresaglie. Allora si giustifica con Gobetti inventandosi un arresto per un non meglio specificato "incidente politico" durato "un numero incredibile di giorni".

Ma decide di partecipare all'attività politica dell'amico nella costituzione dei "Gruppi" di Rivoluzione Liberale a Napoli. Anche se è profondamente scettico sul risultato politico dei "Gruppi" s'impegna perché sente che è anche un modo per riscattarsi.

È in questo periodo che traduce il *Contr'un* di Étienne de La Boétie e ne propone la pubblicazionc a Gobetti, affermando esplicitamente che "varrebbe più di cento critiche al regime". Gobetti non lo stamperà.

Il vero titolo di questo saggio pubblicato nel 1576, ma circolato per tanto tempo clandestinamente, è *Discorso sulla servitù volontaria*.

È un discorso che s'attaglia perfettamente alla condizione nella quale si è trovato Edoardo.

La Boétie sostiene che il tiranno viene quasi eletto dalla volontà di servitù del popolo e che alla libertà dell'uomo libero sempre più viene preferita la servitù del cortigiano.

È quello che è capitato a lui.

La traduzione non è un semplice esercizio letterario, è, a un tempo, una dolente confessione e anche il proposito di una regola di vita, mai più vorrà indossare la livrea del cortigiano.

Ma si potrà vivere da uomini integralmente liberi sotto una dittatura?

O il compromesso rischierà di costituire l'unica possibilità di sopravvivenza quotidiana?

Queste domande lo tormentano.

Dodici
Appunti per un romanzo (3)

Nel tentativo di dare un qualche ordine e significato alla sua esistenza, nel 1926 Edoardo si sposa con Cesira Oreste, figlia di un farmacista di Pescara.

Cesira è una ragazza vivace e simpatica, piena d'idee e d'iniziative, che nel corso del matrimonio però si mostrerà sempre più invasiva e opprimente, volendo occupare interamente lo spazio che Edoardo a stento riesce a ritagliarsi.

La situazione economica di Edoardo intanto è arrivata sull'orlo del disastro.

I suoi tentativi di trovare lavoro, e sono tanti, si concludono senza esito. E non ha nessuna voglia di vivere alle spalle del suocero. La sua dignità non glielo consente.

La notizia della morte di Piero Gobetti avvenuta in Francia è per lui un colpo durissimo.

L'amico Carlo Curcio, nel tentativo d'aiutarlo, gli fa stampare la seconda parte dell'articolo da lui dedicato a Joseph Caillaux (la prima parte era apparsa su "La Rivoluzione Liberale") dalla rivista "Critica fascista” del gerarca Giuseppe Bottai di cui Curcio è amico.

Solo quando vede l’articolo stampato Edoardo si rende conto di avere quasi ingiuriato la memoria di Gobetti, di avergli arrecato un’indiretta offesa.

Ha collaborato con coloro che hanno provocato la sua morte.

A che gli sono serviti tutti i buoni propositi? Non ha ancora una volta compiuto un atto di servitù volontaria?

Deciso a non ricadere nello stesso errore fatto con l’accettazione della missione a Mosca, interrompe il favorevole rapporto iniziato con Bottai e scompare, letteralmente.

Non avverte infatti nessuno, tranne la moglie, che se ne va a Torino, dove non conosce anima viva.

Perché sceglie Torino e non, per esempio, Milano?

Perché Torino è stata la città di Gobetti. Perché a Edoardo, ogni volta che apriva la busta di una lettera indirizzatagli dall’amico, gli pareva sempre di sentire uscirne un soffio d’aria pulita.

La sua nuova nascita, se mai avrà luogo, non potrà che avvenire a Torino.

Va a vivere in una gelida e miserabile soffitta sprovvista di energia elettrica, senza nessun tipo di riscaldamento, non una finestra, solo un abbaino.

Non ha soldi per sfamarsi regolarmente e ogni tanto mangia un pasto caldo che gli viene dato dal parroco di San Paolo in cambio di qualche lezione di catechismo ai bambini della parrocchia.

Poi il parroco parla di lui alla contessa Soldati e questa gli trova un posto come uomo delle pulizie alla Fiat.

C'è nel profondo dell'animo di Edoardo, cattolico e intellettuale, nell'accettazione quasi rassegnata del patimento di una miseria estrema che lo farà ammalare, qualcosa che sta a mezzo tra la volontà d'espiazione e un metaforico lavacro purificatore, ambedue indispensabili per questa sorta di rito di rinascita.

L'arrivo della moglie rende la situazione più drammatica, la misera paga d'uomo delle pulizie non basta per due bocche.

Edoardo è costretto a vendere tutti i libri che si era portato appresso.

Ora sì che si è veramente spogliato di tutto.

L'unica cosa che non smetterà di fare è quella di seguire all'Università le lezioni dello storico dell'arte Lionello Venturi, che gli danno uno sguardo nuovo di fronte alla pittura.

Un giorno, improvvisa, arriva la proposta di diventare redattore della rivista "Motor Italia". È stata la contessa Soldati ancora una volta ad intervenire. Quando Edoardo è andato a ringraziarla per avergli trovato un lavoro, la contessa è rimasta fortemente impressionata dalla cultura e dalla personalità di Edoardo.

La collaborazione di Edoardo alla rivista si limita a tre articoli, l'interessa di più la grafica della pubblicazione alla quale apporta alcune innovazioni per renderla più attraente.

Poi arriva l'offerta, questa sì assai qualificante, di diventare condirettore editoriale della casa editrice fondata da qualche tempo dai fratelli Ribet, tipografi.

L'altro condirettore è Mario Gromo, che diventerà un serio critico cinematografico.

Edoardo prepara un piano editoriale esteso ed ambizioso, degno di una grande casa editrice, dotata di mezzi illimitati. I Ribet ne rimangono spaventati. Al momento di discutere il piano con i Ribet e con Gromo, Edoardo viene ricoverato in ospedale, sono i postumi della vita disperata condotta fino a poco tempo prima.

Delega la moglie a discutere del piano. La donna accetta le conclusioni alle quali giunge Gromo e firma per il marito.

Quando esce dall'ospedale, Edoardo si rende conto che il suo piano è stato ridotto e stravolto fino ad essere irriconoscibile.

La sua dignità non gli permette di restare un giorno di più in casa editrice.

Decide, avventatamente, di fondarne una lui. Il catalogo che prepara è raffinato e ambizioso. Prende contatto con pittori e artisti per farli collaborare come illustratori.

Stampa un primo libro che non viene distribuito perché non ha il denaro per pagare la tipografia. Il secondo libro, di Lionello Venturi, è costretto invece a cederlo alla Hoepli.

Se la fine della sua esperienza editoriale è fallimentare, non lo è invece per quanto riguarda il patrimonio di conoscenze che si è fatto nel campo artistico e le conclusioni personali alle quali è arrivato.

La prima, la più importante di tutte, è che l'unica attività che possa in qualche modo non diventare servile è quella che un uomo come lui può svolgere nel campo delle arti.

La seconda è che egli potrà contare solo su se stesso.

Perché ogni opera che intraprenderà e che sarà condizionata dalla ricerca di un capitale, grande o modesto non importa, e dalla presenza di collaboratori tecnici da pagare (tipografi, impiegati, distributori, ecc.) comporterà di necessità o il fallimento o il doversi piegare al compromesso.

È così che comincia a stringere i contatti con alcuni pittori da lui stimati, ad avere incontri quotidiani con loro, a tentare di convincerli a far gruppo.

Certamente, in quest'opera di persuasione, gli giova l'esperienza dei "gruppi" voluti da Gobetti.

Riesce nell'impresa e forma il gruppo che si chiamerà "I Sei".

E si butta a capofitto nell'allestimento della loro prima mostra.

Ora Edoardo è certo d'aver trovato la sua strada. Una strada sulla quale non c'è alcun pedaggio politico da pagare.

Ma è proprio in quei giorni che la politica torna a farsi viva con lui.

Nel dicembre del 1929 la Questura di Napoli lo convoca inaspettatamente proprio il giorno dell'apertura della mostra dei Sei. Edoardo potrebbe cercare di farsela rinviare, di aspettare una seconda convocazione, invece preferisce partire subito per Napoli. Segno che quella richiesta l'inquieta tanto da farlo mancare ad un appuntamento così importante perché costituisce il primo, tangibile segno della sua nuova vita.

Edoardo è tornato negli ultimi tempi nella sua città natale per andare a trovare il padre gravemente ammalato. E durante questi brevissimi soggiorni non ha mai smesso di raccogliere materiali da giornali e riviste che va a consultare in biblioteca.

La cosa insospettisce un informatore che fa rapporto alla polizia politica, certo che si tratti della formazione di un dossier di articoli e notizie da usare contro il fascismo.

È una faccenda assolutamente campata in aria, ma che finisce coll'acquistar peso, da un lato, per l'imbecillità burocratico-poliziesca, e dall'altro perché Edoardo, il quale a Napoli subisce una perquisizione corporale e una nell'appartamento, tiene un atteggiamento ambiguo.

Ignorando il perché dell'interessamento della polizia, pensa che sia trapelato qualcosa della sua missione a Mosca.

È molto spaventato da questa eventualità. E quando qualcuno gli comunica che anche la sua abitazione torinese è stata perquisita, i suoi timori s'accrescono.

A Torino è diventato molto amico del pittore Carlo Levi, antifascista dichiarato e si sussurra in rapporti col gruppo di "Giustizia e Libertà".

Non è meglio cambiare aria?

Così, tornando da Napoli, va a stabilirsi a Milano, dove entra subito in contatto con Pier Maria Bardi, proprietario di un'importante galleria d'arte, critico d'arte ed editore di una rivista, "Belvedere", per proporgli una grande mostra dei Sei nel suo spazio. Bardi non solo accetta la proposta ma invita Edoardo a collaborare a "Belvedere".

Tra i due nasce una vera amicizia, tanto che Bardi, dovendo trasferirsi a Roma, propone ad Edoardo di rilevare la galleria.

Edoardo confida all'amico di essere stato, fino a

qualche tempo prima, oggetto delle attenzioni della polizia politica, teme che altre indagini su di lui possano ostacolargli il lavoro.

Bardi, che è un fascista con molte entrature, ne parla, motu proprio, con i gerarchi locali. E infatti dal momento che inizia la sua attività a Milano Edoardo non ha più nessun fastidio.

Ma in realtà le cose sono andate un poco diversamente.

Nessun gerarca si sarebbe esposto se alla polizia politica fosse risultato un minimo di compromissione di Edoardo con persone o con organizzazioni segrete antifasciste.

La verità è che i controlli e le perquisizioni del 1929 hanno dimostrato che Edoardo è assolutamente pulito, non è per niente invischiato con l'antifascismo.

Non esiste quindi alcuna ragione di continuare ad indagare su di lui.

Edoardo diventa il direttore artistico del "Milione", i cui proprietari sono i fratelli Ghiringhelli.

E trasforma la galleria nel primo dei centri culturali della città, allestendo non solo mostre memorabili, ma organizzando anche conferenze e dibattiti, animati incontri culturali e, soprattutto, facendone il punto di raccolta di giovani e valorosi pittori che diventano quasi suoi discepoli.

La rottura coi fratelli Ghiringhelli avviene per ragioni meramente artistiche. Essi trovano Edoardo troppo rigoroso nelle sue scelte, non sono del tutto d'accordo con la sua idea di un'arte che abbia una tematica religiosa, forse sarebbero favorevoli a concedere qualche mostra, di tanto in tanto, a un pittore o a uno scultore glorificante il regime e perciò ben visto dalle alte gerarchie.

Comunque la rottura con i Ghiringhelli non comporta un grave danno alla sfera d'influenza di Edoardo che s'allarga ogni giorno di più.

L'Editoriale Domus lo chiama a condirigere la rivista d'architettura "La casa bella". L'altro condirettore è l'architetto Giuseppe Pagano.

Sulle pagine di questa rivista Edoardo rivelerà compiutamente il suo genio, proponendosi in breve come una delle voci più autorevoli e innovative dell'architettura italiana.

Nel 1933 gli è nato il secondo figlio, ma la situazione famigliare poco dopo precipita. I litigi con la moglie diventano continui, Edoardo a un certo momento se ne va a vivere da solo. Ma tutto quello che guadagna lo consegna alla moglie purché se ne stia lontana da lui.

È ridotto a fare debiti, è assillato dai creditori. Per cercare di guadagnare di più si associa ad architetti come Nizzoli e ad artigiani come Buffoni che sono in grado di rendere concrete le sue idee.

Il suo primo trionfo è l'installazione in tubi Mannesmann all'interno della Galleria di Milano in occasione del Plebiscito voluto da Mussolini. Essa altro non è che un'originale e ardita costruzione architettonica che fa da supporto a cartelli e pannelli inneggianti al Duce.

E così, amaramente, Edoardo è costretto a constatare che in un regime dittatoriale non può esserci che una libertà limitatissima, risicata, per l'uomo di cultura non allineato, e che il compromesso è l'unica possibilità di sopravvivenza.

Edoardo, fin da bambino, non ha mai goduto di buona salute. Da adulto, ha dovuto subire diversi ricoveri in ospedale.

La sua salute comincia a risentire dell'amarezza che prova del suo vivere ambiguo, del disgusto che sente per la sua servitù volontaria, stavolta senza possibili giustificazioni. Ma si trascura, non parla con nessuno dell'aggravarsi dei suoi malesseri.

Poi, il 3 agosto del 1935, l'arrestano.

Tredici
Appunti per un romanzo (conclusione)

Una mattina, che è quasi pronto per uscire, bussano alla porta. Edoardo va ad aprire e si trova davanti un agente di P.S. in divisa. Questi gli chiede conferma delle generalità. Avutala, gli comunica che si deve presentare immediatamente al commissariato di zona per chiarimenti. Edoardo si turba, con la memoria torna alla convocazione della Questura di Napoli e alle conseguenze che ne derivarono. Domanda maggiori spiegazioni, ma l'agente non sa dirgli niente.

"Sono qui per accompagnarvi", dice. "Possiamo andarci a piedi, non è distante".

Chiude a chiave la porta, si affianca all'agente. Per tutto il percorso non si scambiano una parola.

In commissariato lo fanno entrare in una specie di sala d'attesa. Dopo pochi minuti arrivano due agenti in divisa, l'ammanettano. Edoardo è sbalordito e spaventato, incapace di qualsiasi reazione.

Poi i due lo sospingono per un corridoio, lo fanno uscire da una porta posteriore dove c'è già, in attesa, un cellulare con le portiere spalancate.

Così viene tradotto nel carcere di San Vittore. Appena dentro, le guardie lo consegnano a due secondini che l'accompagnano in una cella d'isolamento, gli levano tutto quello che ha nelle tasche, la cintura dei pantaloni che Edoardo porta assieme alle bretelle, i lacci delle scarpe, se ne vanno.

Edoardo, passato il primo trauma, si spreme inutilmente il cervello alla ricerca di una spiegazione per quell'arresto improvviso.

Intanto l'architetto Giuseppe Pagano, condirettore di "Casabella", riceve una telefonata anonima.

Una voce decisa lo informa che Edoardo è stato arrestato e si trova recluso a San Vittore. Se vuole una conferma, telefoni al commissariato di zona dove c'è l'abitazione dell'arrestato. La telefonata, precisa l'interlocutore, è fatta per evitare che gli amici di Edoardo, allarmati per la sua scomparsa, si mettano a cercarlo creando scalpore sulla vicenda. Meno si sa di questo arresto e meglio è per tutti e per Edoardo in particolare, conclude minaccioso l'anonimo.

È trascorsa una settimana e ancora nessuno ha chiarito a Edoardo il motivo del suo arresto.

Poi, la mattina dell'ottavo giorno, un secondino lo fa uscire dalla cella e lo accompagna davanti alla porta chiusa di un ufficio. Bussa, apre, fa cenno ad Edoardo di passare, gli chiude la porta alle spalle.

Dietro a una scrivania c'è un quarantenne elegantemente vestito, sorriso smagliante, baffetti, capelli impomatati, occhiali d'oro. Sta scrivendo.

"Accomodatevi."

E continua a scrivere. Edoardo siede sull'unica sedia davanti alla scrivania.

A un tratto l'altro si ferma, mostra la stilografica che ha in mano.

"È una Parker. L'ho comprata proprio nel negozio rinnovato da voi. Un gran bel negozio. Complimenti."

Gli porge la mano.

"Sono il dottor Tringali."

Edoardo gliela stringe e approfitta di quel momento per chiedere:

"Posso sapere le ragioni del mio arresto?".

"Arresto?", fa Tringali stupito. "Arresto? Al commissariato vi hanno forse accusato di qualcosa? Non credo. E il vostro arrivo qui è stato forse registrato? No. Arresto, e mi meraviglio di voi che parlate e scrivete così bene, è un termine improprio."

"E quale sarebbe quello proprio?"

Tringali sorride.

"Ho capito. Volete giocare a carte scoperte. V'accontento. Il termine proprio sarebbe sequestro. Sequestro di persona. Che fatto da altri sarebbe un reato, ma fatto da noi no. Questo comporta per voi un vantaggio e uno svantaggio. Il vantaggio è che non risulterà mai, da nessuna parte, che voi avete subito l'onta del carcere. Lo svantaggio è che possiamo farvi sparire dalla faccia della terra senza che nessuno possa tirarci in ballo. La scelta sarà vostra. Mi sono spiegato? Rifletteteci."

Edoardo abbassa la testa. Ma cosa vogliono da lui, allora?

L'altro preme un pulsante. La porta si apre, compare il secondino.

"Riaccompagnalo in cella."

Edoardo si alza, si avvia verso la porta.

"Levatemi una curiosità", fa la voce ironica di Tringali. "Come si stava a Mosca nel 1924?"

Edoardo si sente piegare le ginocchia. Il secondino lo trascina via.

Dunque conoscono tutto di lui. I servizi non sono stati così attenti a far sparire tutte le carte su di lui, come avrebbero dovuto. Ed è chiaro che ora la polizia politica intende servirsene. Ma a quale scopo?

La mezzanotte dev'essere trascorsa da un pezzo quando Edoardo, che non riesce a prendere sonno, sente la porta della cella aprirsi. La luce viene accesa. Edoardo si alza a mezzo. Due uomini in borghese, massicci, le camicette a maniche corte scoprono i loro muscoli, hanno facce poco rassicuranti. Edoardo ha una paura incontrollabile.

"Alzati e spogliati nudo", ordina uno dei due mentre l'altro chiude la porta.

Poi quello che ha parlato prende da un sacchetto un grande asciugamano, apre il rubinetto, ci tiene sotto l'asciugamano finché s'inzuppa, l'arrotola.

"Che volete farmi?", domanda Edoardo con un filo di voce.

"Ora lo vedi. Con questo, non si lasciano tracce."

L'altro l'agguanta, lo tiene davanti a sé, con una mano gli tappa la bocca.

Al terzo, violentissimo colpo d'asciugamano al fegato, Edoardo perde i sensi.

Quando si risveglia, si ritrova vestito di tutto punto sul pagliericcio. Non può muoversi, ogni minimo movimento gli provoca un dolore insopportabile. Deve avere la febbre, molto alta. Il secondino, che lo vede in quelle condizioni, si consulta con un suo superiore. Confusamente, Edoardo capisce che i due discutono se portarlo in infermeria o no. Decidono per il no perché il carcerato non è immatricolato e il dottore potrebbe fare domande indiscrete. Dopo un'ora arriva uno in uniforme da carcerato accompagnato dal secondino.

"Sono un medico", dice a Edoardo.

Lo visita accuratamente. Scuote la testa.

"Qui posso fare ben poco", conclude. "Vi hanno rotto due costole e probabilmente lesionato il fegato.

Ora vi farò avere delle pillole. Prendetene una al mattino e una al pomeriggio. Buona fortuna."

Le pillole sono un antidolorifico.

Dopo una settimana dal pestaggio, Edoardo viene accompagnato davanti a Tringali.

"So che siete stato male. Mi rallegro di vedervi tornato in buone condizioni. Mi sono informato. Purtroppo la vostra malattia può avere delle ricadute, anche più gravi. Mi corre l'obbligo d'avvertirvi. Perciò ho deciso di farvi rimettere in libertà in modo che possiate curarvi. Ascoltatemi con attenzione perché non avrò più modo di ridirvi quello che vi dirò. Abbiamo bisogno di voi. Voi siete un uomo di grande prestigio che ha un largo seguito negli ambienti intellettuali e artistici di questa città. Sono ambienti dove s'annida una gran quantità d'antifascisti. Voi siete stimato da loro, anche per il vostro rigore morale, la vostra integrità, ma essi ignorano che voi avete collaborato col governo fascista in speciali missioni, ben retribuite, all'estero. Siete stato una spia al soldo del fascismo, per dirla chiara. Se si venisse a sapere di questa vostra trascorsa attività, voi sareste irrimediabilmente sputtanato. Verreste emarginato, isolato, nessuno si fida di una spia. Ma noi non vogliamo giungere a tanto. Noi desideriamo solo essere informati dell'attività politica clandestina che alcuni vostri amici certamente svolgono. Se accettate, questo è il mio numero di telefono. Vi dò tutto il tempo che volete. Sono cose che non si possono fare affrettatamente. Non calcoliamo agosto. Vi concedo quattro mesi. Aspetto una vostra telefonata con le prime informazioni entro la fine di quest'anno. Vi è tutto chiaro?"

"Chiarissimo", dice Edoardo.

È arrivato al punto. Ma non ha dubbi su come deve agire.

Anzitutto, per non destare sospetti in Tringali che di certo lo fa sorvegliare, continuare il lavoro con Nizzoli e Palanti.

Se si tratterà di creare opere osannanti al fascismo, meglio ancora.

Poi, isolarsi.

Allontanare da sé i suoi amici pittori, continuare a frequentarli potrebbe costituire un pericolo per loro.

Con la scusa delle incursioni della moglie, non ricevere più nessuno in casa.

Fa pervenire a Cesira tutto quello che guadagna, tanto non ha più bisogno di fare risparmi per il futuro.

Non c'è più futuro.

Taglino pure la luce nell'appartamento.

Gli effetti del pestaggio certi giorni gli provocano dolori fortissimi.

Ma non si cura, spera anzi che il fegato s'ammali sempre di più.

Un cattolico non può suicidarsi, ma può lasciare che una malattia faccia il suo corso.

Un giorno incontra casualmente un pittore col quale aveva iniziato un certo rapporto di fiducia interrotto dopo l'arresto. Il pittore sembra felice di vederlo, insiste per accompagnarlo a casa. Edoardo cede.

Il pittore parla ininterrottamente della situazione nella quale si trovano gli artisti, gli porta il suo caso personale di non iscritto al sindacato fascista, non perché contrario al regime, ma perché le persone messe a capo del sindacato sono delle assolute mediocrità.

"Se invece ci fosse uno come te..."

Allora Edoardo capisce che l'incontro non è stato casuale, quel pittore è un tentatore inviato da Tringali. Ma non riesce più a liberarsi di quella presenza inopportuna.

Un altro giorno un secondo pittore, che è andato a trovarlo a "Casabella", gli fa un discorso misterioso e confuso su una certa organizzazione segreta antifascista alla quale gli è stato chiesto d'aderire.

Edoardo fiuta il tranello e lo caccia fuori dall'ufficio.

Il giorno di Natale lo trascorre con la moglie e i figli.

Con Cesira hanno firmato un armistizio temporaneo. La moglie si preoccupa nel vederlo così malridotto fisicamente.

Lo trova anche molto depresso, avviluppato in una malinconia densa.

"Mi sembra di tornare ai tempi di Torino", dice.

La notte di Capodanno la trascorre da solo nel suo appartamento illuminato dalle candele.

Il tempo è scaduto. E lui non ha telefonato a Tringali.

È più che certo che faranno un secondo tentativo per convincerlo a collaborare.

Non deve fare altro che attendere.

Edoardo si rende conto del progredire del suo male dal fatto che ora gli viene difficile coordinare i pensieri con quella leggerezza, con quell'eleganza che una volta erano il segno personalissimo del suo esporre. Ora le frasi faticano a comporsi.

Meglio così.

La sera del 10 gennaio esce dalla redazione di "Casabella" con due amiche molto preoccupate per il suo stato di salute. Viene accompagnato da loro sino al portone di casa.

Alle dieci esce nuovamente e va a trovare Nizzoli.

Discutono di un progetto, ma Edoardo è molto stanco, dopo poco più di un'ora decide di tornarsene a casa.

Nizzoli vorrebbe accompagnarlo, ma lui rifiuta.

Prende un tram, poi scende e percorre a piedi la strada fino alla sua abitazione.

Fa molto freddo, rari passanti frettolosi.

A pochi metri dal portone, due uomini, sbucati dall'oscurità, lo affiancano.

Alla luce di un lampione, Edoardo li riconosce.

Sono i due che l'hanno massacrato nella cella di San Vittore.

"Dobbiamo parlarti", dice uno dei due. "Andiamo su da te."

Edoardo infila la chiave nel portone. La mano non gli trema.

Improvvisa, una preghiera dimenticata gli erompe dal cuore, sale a fior di labbra.

Agnus Dei, qui tollis peccata mundi, dona nobis pacem.

Sarà esaudito.

Nota

Anche in questa occasione desidero ringraziare Eileen Romano che con la sua abilità e intelligenza riesce sempre a supportare con documenti, curiosità e osservazioni ogni minima idea che mi passa per la testa.

Questa volta ad aiutarla c'è stata la preziosa collaborazione di Pasquale Guadagnolo che mi ha fornito la documentazione necessaria al mio lavoro.

Temo che in questo libro, che si basa su fatti relativamente recenti e soprattutto reali, osservatori attenti possano riscontrare degli omissis importanti o degli accenti irrilevanti, chiedo quindi venia preventiva e domando al lettore di considerarmi non uno storico, non un ricercatore ma un semplice romanziere.

a. c.

Bibliografia

a cura di Pasquale Guadagnolo

Opere di Edoardo Persico

La città degli uomini d'oggi, Attilio Quattrini, Firenze, 1923

[Nel 1924 Persico tradusse, scrivendone una prefazione, il *pamphlet* di Estienne de La Boétie, *Discours de la Servitude volontaire ou le Contr'un*, proponendone la pubblicazione a Piero Gobetti. Il libro restò però inedito e risulta disperso. L'episodio è ricostruito da Angelo d'Orsi, *Intellettuali nel Novecento italiano*, Einaudi, Torino 2001]

Dopo Sant'Elia (con altri autori), "Domus", Milano 1935

Arte Romana. La scultura romana e quattro affreschi della villa dei Misteri, "Domus", n.96, Milano 1935

Lucio Fontana, Edizioni di Campo Grafico, Milano 1936

Profezia dell'architettura, nota introduttiva di Alfonso Gatto, Muggiani, Milano, 1945 [amico e collaboratore di Persico a "Casabella", Gatto vi alludeva per la prima volta al "mistero" di un suo soggiorno a Mosca negli anni Venti]

Scritti critici e polemici, a cura di Alfonso Gatto, Rosa e Ballo, Milano 1947

Tutte le opere (1923-1935), a cura di Giulia Veronesi, 2 voll., Edizioni di Comunità, Milano 1964

Scritti d'architettura (1927-1935), a cura di Giulia Veronesi, Vallecchi, Firenze 1968, n. ed., a cura di Marcello Del Campo, Testo&Immagine, Torino 2004

Oltre l'architettura. Scritti scelti e lettere, a cura e con prefazione di Riccardo Mariani, Feltrinelli, Milano 1977

Destino e modernità. Scritti d'arte (1929-1935), a cura e con

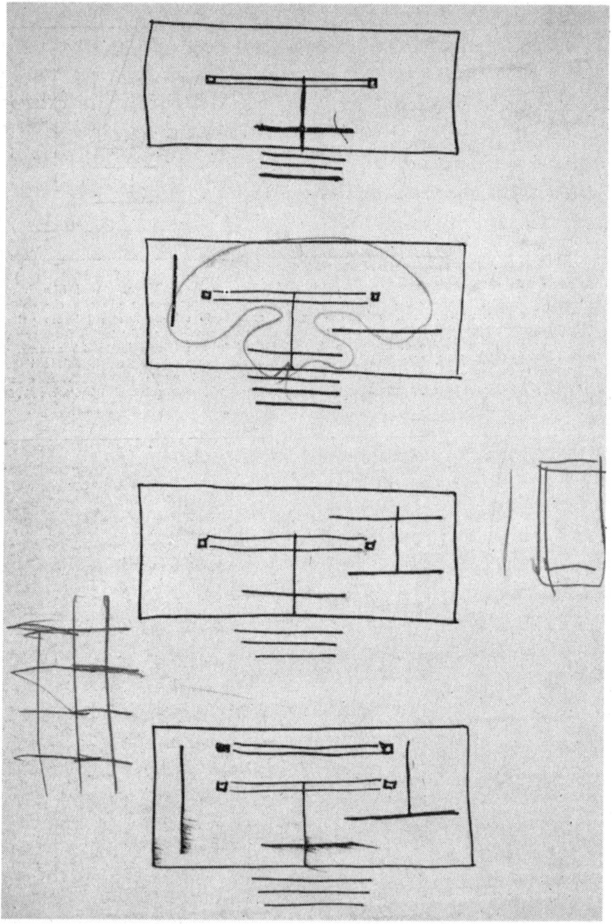

Schizzi per la Sala delle Medaglie d'oro
alla mostra dell'Aeronautica, 1934

introduzione di Elena Pontiggia, Medusa, Milano 2001.

Per le vicende biografiche e il contesto

Edoardo Persico, *Lettere* al fratello Renato, Piero Gobetti, Ottone Rosai, Dino Garrone, 1923-1931, in *Tutte le opere (1923-1935)*, cit.; Cesare De Seta, *Il destino dell'architettura. Persico Giolli Pagano*, Laterza, Bari 1985; *Oltre l'architettura. Scritti scelti e lettere*, cit.

AA.VV., *Appello ai meridionali* (primo firmatario Guido Dorso), "La Rivoluzione Liberale", a. III, n. 45, dicembre 1924

PERSICO Giovanni, in Ministero degli Affari Esteri, *Annuario Diplomatico del Regno d'Italia. 1926* ["Stati di Servizio"], Roma 1926

Giuseppe Lupo, *Documenti inediti relativi a Edoardo Persico reperiti nell'Archivio centrale dello Stato* [Polizia Politica, 1929], in Id., *Sinisgalli e la cultura utopica degli anni Trenta*, Vita e Pensiero, Milano 1996

La morte di Edoardo Persico, "La Stampa", 12 gennaio 1936 (non firmato)

Necrologi [moglie Cesira e figli; Gio Ponti, Gianni Mazzocchi e Giuseppe Pagano; Anna Maria Mazzucchelli; Editoriale Domus e collaboratori di "Casabella"; Marcello Nizzoli e Giancarlo Palanti], "Corriere della Sera", 12 gennaio 1936

Edoardo Persico, "L'Ambrosiano", Milano, 13 gennaio 1936 (non firmato)

Annuncio delle esequie [parenti, amici e Editoriale Domus], "Corriere della Sera", 17 gennaio 1936

R.(affaello) G.(iolli), *Persico*, "Viavai – L'Eco del Mondo. Settimanale politico letterario artistico", n. 4, 25 gennaio 1936

Edoardo Persico è mancato, "Il Milione", n. 44, gennaio-febbraio 1936 (firmato *Nota della Redazione*)

Alfonso Gatto, *Edoardo Persico è morto*, "Casabella", gennaio 1936

Edoardo Persico è morto, "Campo Grafico", n. 9, 1935 (ma 1936, non firmato)

AA.VV., *Edoardo Persico*, Edizione fuori commercio a cura del Comitato per le onoranze a Persico, Lucini, Milano 1936 (ora in Cesare De Seta, *Il destino dell'architettura. Persico Giolli Pagano*, Laterza, Bari 1985; scritti degli architetti: Franco Albini, Renato Camus, Paolo Clausetti, Ignazio Gardella, Giuseppe Mazzoleni, Giulio Minoletti, Gabriele Mucchi, Giancarlo Palanti, Giovanni Romano; e di Gilberto Altichieri, Nando Ballo, Sandro Bini, Renato Birolli, Dino Bonardi, Anna Maria Brizio, Luigi Broggini, Domenico Cantatore, Carlo Carrà, Raffaele Carrieri, Felice Casorati, Luigi Cosenza, Vincenzo Costantini, Italo Cremona, Carlo Curcio, Piero Gadda, Ferdinando Garibaldi, Alfonso Gatto, Rosa Giolli Menni, Raffaello Giolli, Franco Girosi, Mario Labò, Massimo Lelj, Carlo Levi, Leo Lionni, Matteo Marangoni, Giuseppe Marchiori, A.M. Mazzucchelli, Francesco Menzio, Guido Modiano, Vero Montebugnoli, Guglielmo Pacchioni, Giuseppe Pagano, Elio Palazzo, Alessandro Pasquali, Enrico Paulucci, Corrado Pavolini, Agnoldomenico Pica, Attilio Podestà, Gio Ponti, Salvatore Quasimodo, Aligi Sassu, Giovanni Scheiwiller, Gino Severini, Leonardo Sinisgalli, Mario Soldati, A.A. Soldati, A. di Spilimbergo, Arturo Tofanelli, Piero Torriano, Lionello Venturi, Luigi Veronesi, Giulia Veronesi, Lamberto Vitali, Cesare Zavattini.

Giulia Veronesi, *Edoardo Persico*, in Id., *Difficoltà politiche dell'architettura in Italia. 1920-1940*, Tamburini, Milano 1953, n. ed., Marinotti, Milano 2008. [Amica e collaboratrice anch'essa di Persico, l'autrice vi riprendeva, esplicitava e ampliava la voce della permanenza a Mosca nel 1924, quale "segretario dell'Ambasciatore" d'Italia, indicandone la fonte in un racconto, ascoltato a Milano nel 1936, del giornalista russo Joseph Pevsner. Nello stesso anno il Pevsner scrisse per la collana di Mondadori "Drammi e segreti della storia", *La doppia vita di Evno Azev (1869-1918)*, biografia del capo dell'agente provocatore della polizia segreta zarista (Ochrana) e contemporaneamente capo del movimento nichilista]

XXXI

CARACALLA - MARMO - NAPOLI, MUSEO NAZIONALE (FOTO ALINARI)

misere e vuotate di ogni vitalità? Evidentemente è Roma e non più la Grecia che dà il carattere e il tono dell'arte". L'obbiezione è, senza dubbio, acuta; ma la "evidenza" del primato di Roma meriterebbe di essere provata. I critici generalmente vi si sottraggono, per mancanza di metodo, e sostituiscono l'apologia al giudizio. Il problema deve essere impostato su basi nuove, e non soltanto per la scultura romana: forse, questa

Una tavola di *Arte Romana. La scultura romana e quattro affreschi della villa dei misteri*, "Domus", n. 96, Milano,1935

Giovanni Artieri, *Peirce cospiratore*, in Id., *Penultima Napoli*, Longanesi, Milano 1963

Aligi Sassu, *Un cuore bruciato*, "Corriere d'informazione", 4-5 dicembre 1963

Giulia Veronesi, Biografia in Edoardo Persico, *Tutte le opere*, cit., 1964

Carteggio Vercelloni-Sciascia: lettera di Vercelloni a Sciascia, Milano 24 novembre 1976; lettera di Sciascia a Vercelloni, Palermo 4 dicembre 1976; lettera di Vercelloni a Sciascia, Milano 14 dicembre 1976; lettera di Vercelloni a Sciascia, Milano 23 marzo 1979, Fondo architetto Virgilio Vercelloni, CASVA – Centro di Alti studi sulle Arti Visive, Comune di Milano

Riccardo Mariani, *Prefazione* e note introduttive ai capitoli di *Oltre l'architettura*, cit., 1977

Maurizio di Puolo (a cura), *Edoardo Persico 1900-1936. Autografi, scritti, disegni dal 1926 al 1936*, Catalogo della mostra alla Galleria Architettura Arte Moderna, Roma 1978

Edoardo Persico. Oltre l'architettura, a cura di Riccardo Mariani, Catalogo della mostra al Palazzo della Permanente, Regione Lombardia, Milano 1978

Aligi Sassu, *Un grido di colore. Autobiografia*, Todaro, Lugano 1998

Mimmo Franzinelli, *I tentacoli dell'Ovra. Agenti, collaboratori e vittime della polizia politica fascista*, Bollati Boringhieri, Torino 1999

Lorella Giudici, *Edoardo Persico. Nota biografica*, in *Persico e gli artisti (1929-1936). Il percorso di un critico dall'impressionismo al primitivismo*, a cura di Elena Pontiggia, Catalogo della mostra al Padiglione d'Arte Contemporanea di Milano, Mondadori-Electa, Milano 1998

Gigliola De Donato, Sergio D'Amaro, *Un torinese del Sud: Carlo Levi. Una biografia*, Baldini Castoldi Dalai, Milano 2001

Domizia Carafòli, Gustavo Bocchini Padiglione, *Il viceduce. Arturo Bocchini capo della polizia fascista*, Mursia, Milano 2003

Mauro Canali, *Le spie del regime*, Il Mulino, Bologna 2004

Per la figura intellettuale

Ambrogio Borsani, *La Biblioteca Italiana di Edoardo Persico e "Primo Tempo", editori di un libro*, in "La Fabbrica del Libro" a. XVII, n.2, 2011

Raffaello Giolli, *Libri festosi*, "Viavai. L'Eco del Mondo. Settimanale politico letterario artistico", n. 52, 28 dicembre 1935 (contiene una breve recensione di *Arte Romana*, definito "il libro perfetto")

Marziano Bernardi, *La scultura romana* (recensione a *Arte romana*), "La Stampa", 7 gennaio 1936

Guido Modiano, *Tipografie di Edoardo Persico*, "Campo Grafico", n. 11-12, 1935 (ma 1936)

Anna Maria Mazzucchelli, *Realizzazione grafica di Arte Romana*, ivi

Elio Vittorini, *Edoardo Persico e l'architettura*, "Il Bargello", n. 15, 7 febbraio 1937 (poi parzialmente in *Diario in pubblico*, Bompiani, Milano 1957; integralmente in *Letteratura arte società. Articoli e interventi 1926-1937*, a cura di Raffaella Rodondi, Einaudi, Torino 2008

Bruno Zevi, *Soria dell'architettura moderna*, Einaudi, Torino 1950

Carlo Belli, *Origini e sviluppo del Gruppo 7. Edoardo Persico*, "La Casa", n. 6, De Luca, Roma 1969, poi in *Edoardo Persico 1900-1936*, cit.

Luisa Mangoni, *Persico, Garrone e Ricci*, in Id., *L'interventismo della cultura. Intellettuali e riviste del fascismo*, Laterza, Bari 1974

Paolo Fossati, *Milano Anni Trenta. Persico*, in AA.VV., *Renato Birolli*, a cura di Zeno Birolli e Roberto Sambonet, Feltrinelli, Milano 1978

AA.VV., *Gli Anni Trenta. Arte e cultura in Italia*, catalogo della mostra all'Arengario di Milano, Mazzotta, Milano 1982

Cesare De Seta, *Il destino dell'architettura*, cit. (contiene le lettere di Persico al fratello Renato)

Francesco Tentori, *P.M. Bardi. Con le cronache artistiche de "L'Ambrosiano" 1930-1933*, Mazzotta, Milano 1990

Luigi Cavallo, *1930: Edoardo Persico dalla Galleria Bardi alla Fondazione del Milione*, in *Persico e gli artisti*, cit.

Elena Pontiggia, *La "spiritualità" e la vita. Edoardo Persico critico d'arte (1928-1936)*, ivi

Eva Paola Amendola, Pasquale Iaccio, *Gli anni del regime. 1925-1939*, Editori Riuniti, Ro-

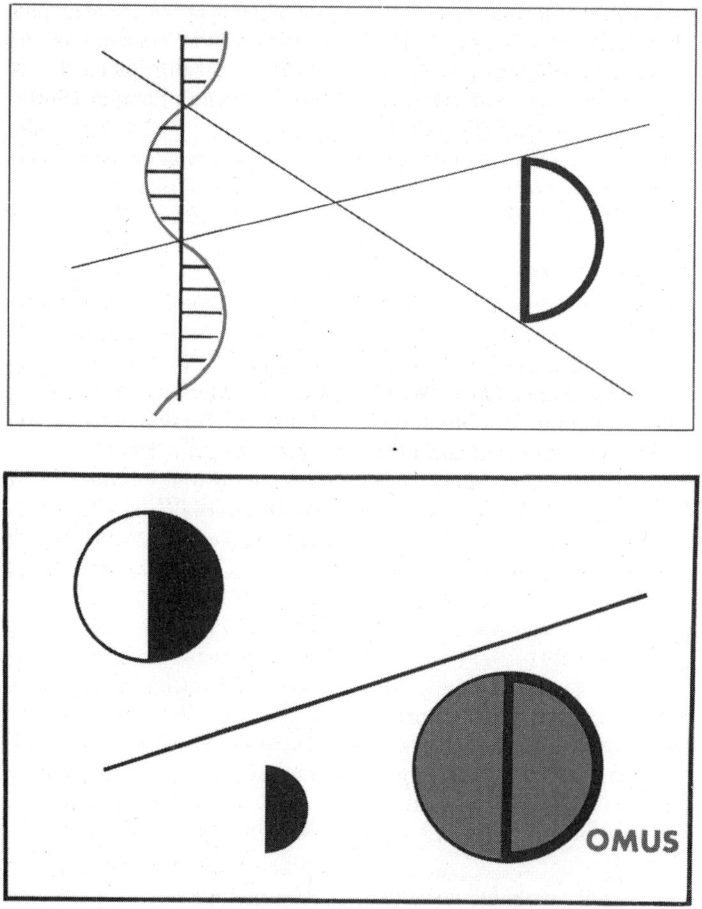

Progetti di copertine per piccoli cataloghi:
due variazioni sul tema, 1935

ma 1999 (contiene una documentazione fotografica dell'installazione propagandistica per il Plebiscito del 1934, creata da Persico con Marcello Nizzoli nella Galleria di Milano)
Pablo Rossi, *Attilio Rossi, Edoardo Persico: un piccolo "mistero" editoriale del 1936*, Milano 1999
Angelo d'Orsi, *Intellettuali nel Novecento italiano*, cit.
Silvia Piombo, *L'enigmatico Persico editore di un libro*, "Wuz", n. 5, settembre-ottobre 2006
Francesco Tentori, *Edoardo Persico. Grafico e architetto*, Clean, Napoli 2006
Guido Canella, *Edoardo Persico*, in Id., *Architetti italiani del Novecento*, a cura di Enrico Bordogna, Marinotti, Milano 2010, pp. 201-232.

Per le circostanze della morte

Gabriele Mucchi, *Ricordo di Persico*, "Domus", n. 1, gennaio 1942 (parzialmente riprodotto in *Persico e gli artisti*, cit.)
Renato Birolli, *Sedici taccuini e dieci disegni*, con una nota di Umbro Apollonio, Posizione Editrice, 1943 (raccoglie i taccuini dal marzo 1936 al giugno 1942), poi in *Taccuini 1936-1959*, a cura di Enrico Emanuelli, Torino, Einaudi 1960
Guglielmo Peirce, *Pietà per i nostri carnefici*, Longanesi, Milano 1951
Gabriele Mucchi, *Opera grafica*, a cura di Ludovico Ragghianti, Vangelista, Milano 1971 (contiene due dei tre ritratti mortuari di Persico da lui eseguiti all'obitorio)
Riccardo Mariani, *Prefazione* a Edoardo Persico, *Oltre l'architettura*, cit., 1977
Riccardo Mariani, *Intervista*, in Maurizio di Puolo, cit.
Anna Maria Mazzucchelli, *Gli anni di* Casabella (intervista), ivi
[Bruno Zevi] *Il "giallo" Persico: drammatizzazione immaginaria*, "L'Architettura. Cronache e storia", n. 9, gennaio 1978
Cesare De Seta, *Il destino dell'architettura*, cit. (contiene il ritratto funerario di Adriano Spilimbergo)
Paolo Caputo, *Lo conoscevo bene... Testimonianze su Persico*, in AA.VV., *Profezia di Persico*, a cura di Giovanni Denti, Atti del convegno alla Facoltà di Ar-

chitettura di Milano, 14 aprile 1988, Clup, Milano 1989

Oreste del Buono, *L'enigma Persico* e *Altre voci su Persico architetto di misteri*, "La Stampa – Tuttolibri", 10 e 17 aprile 1993

Gabriele Mucchi, *Le occasioni perdute. Memorie 1899-1993*, prefazione di Norberto Bobbio, L'Archivolto, Milano 1994, n. ed., Mazzotta, Milano 2001

Alfonso Gatto, *Gli anni tra parentesi. Lettere ad Anna Maria Mazzucchelli (1936-1939)*, a cura e con un saggio di Rossano Astarita, presentazione di Cesare De Seta, Avagliano, Roma 1996.

Lorella Giudici, *Edoardo Persico* cit. (contiene il ritratto funerario di Fiorenzo Tomea)

Elena Pontiggia, *Un inedito su Persico*, "Pagine d'Arte", Milano, agosto 1999 (contiene le due lettere prima inedite dei pittori Francesco Menzio e Luigi Spazzapan a Riccardo Poli, allora esponente a Torino del movimento clandestino di Carlo Rosselli "Giustizia e Libertà", "che descrivono le terribili circostanze del ritrovamento" del cadavere di Persico).

Progetto per la copertina di un volume, 1935

Indice

Crediti fotografici
L'editore ringrazia "Casabella"
per aver concesso la pubblicazione
del materiale di sua proprietà e rimane
a disposizione per eventuali crediti
fotografici qui non contemplati.

Titoli già pubblicati

Andrea Camilleri, *Il cielo rubato. Dossier Renoir* (2° ed.)

Aldo Nove, *Si parla troppo di silenzio. Un incontro immaginario tra Edward Hopper e Raymond Carver*

Egon Schiele, *Diario dal carcere* (2° ed.)

Sigmund Freud, *Un ricordo d'infanzia di Leonardo da Vinci*

Juan Antonio Gaya Nuño, *La orripilante storia del teschio di Goya*

Simonetta Agnello Hornby, *Camera oscura*

Alberto Cavallari, *La Fuga di Tolstoj* (2° ed.)

Elisabeth Van Gogh, *Vincent, mio fratello*

Ludovico de Varthema, *Viaggio alla Mecca*

Andrea Camilleri, *La moneta di Akragas* (4° ed.)

Georges Perec, *Storia di un quadro*

Pietro C. Marani, *Le calze rosa di Salaì*

Marco Messeri, *Vita allegra di un genio sventurato*

Francesca Bonazzoli, *L'inganno della scimmia*

Émile Bernard, *Mi ricordo Cézanne*

Antonia Arslan, *Il libro di Mush* (2° ed.)

Andrea Camilleri
La moneta di Akragas

Una storia dai risvolti inaspettati, tragici ed esilaranti
tra le campagne di Vigata e la Messina distrutta dal terremoto
"l'Unità"

NarrativaSkira, 136 pagine, 16 colori, € 15,00

Gaëlle Josse
Le ore del silenzio

Questo libro è un piccolo gioiello.
Scrittura poetica, sobria, incisiva... "Anobii"

NarrativaSkira, 96 pagine, € 15,00

Finito di stampare nel mese di marzo 2012
a cura di Skira, Ginevra-Milano
Printed in Italy

www.skira.net